JN099127

年商1000万円をめざす

A guide that teaches you
how to start a business and earn money

ひとり行政書士の

開業　集客　受任

ガイド

行政書士
上山雅子
Masako Kamiyama

中央経済社

はじめに

　私が「行政書士試験」を知ったのは，2011年11月のことでした。

　リーマンショック以降，当時勤めていた会社で度々リストラが行われていました。最初は50歳以上が対象だったのが，徐々に45歳まで引き下げられていきます。

　何とか会社に頼らず，自分の力で稼げるようになれないだろうか。そんな気持ちで調べていたところ，ふと「行政書士」という資格にたどり着きました。ちょうど1年後に試験があることを知り，資格専門学校の説明会に参加してその場で申し込みを決めたのでした。思えばこの決断が，その後の私の人生を大きく変えました。

　「法学部でもないのに無理だろう」と笑われたこともありましたが，人生を変えたい一心で，仕事以外の時間はすべて勉強に充てました。そして，運良く一発合格を果たした後に，会社を辞めて独立することを決意しました。もちろん不安はありましたが，「40代の今，人生を再スタートさせたい！」という希望が大きく膨らんでいたのです。

　「会社員の経験しかないのに，独立なんて大丈夫？　そもそも営業できるの？」というネガティブな周囲の意見に不安になることもありましたが，気持ちはもう固まっていました。退職し，2ヶ月の準備期間を経て，2013年9月に事務所をオープンします。

　本当にツライ日々は，ここから始まりました。現実は甘くなく，仕事のない日々が続きます。事務所をオープンするにあたり，会社員時代の貯金を費やしてしまったこともあり，気持ちは焦るばかりです。

　ネットや本で調べたり，先輩行政書士に会いに行ったり，同期の集まりに参加したり，毎日試行錯誤しながら，とにかく動き続けました。しか

し，売上のつくり方については情報が少なく，たくさんの勉強会やセミナーに参加しましたが，これだ！　と思えるものは，なかなか見つからなかったのです。

　ようやく売上をつくる道筋がうっすらと見え始めたのは，開業2年目に入ってからでした。
　「このノウハウが開業当初にわかっていたら，どんなにラクだったか」
　そう思い，もしかしたら新規に独立する人や独立を考える人の役に立てるかもしれないと，そのノウハウをブログや勉強会で発信するようになりました。すると，思いがけず「もっと詳しく教えて欲しい」「私も独立できる気がしてきた」など多くの反響があったのです。開業当初の私のように，なかなか売上をつくれず悩んでいる人や，「営業に自信がない」と開業に尻込みしている人はたくさんいるのだと感じました。

　本書は，安定した売上を手に入れるためのノウハウをまとめたものです。開業当初の途方に暮れた私に教えてあげたいすべてを詰め込みました。
　目指すのは，「ひとり事務所」で売り込まずに売上を安定させること。40代からのスタートですし，自由に働きたいことから，私は人を沢山雇用し，年商数億円というスタイルは目指しません。野心がある方にとっては，少し物足りなく思えるかもしれませんが，そこはご承知おきいただければと思います。
　本書のノウハウが，自由でストレスフリーな生き方を実現するきっかけとなることがあれば，望外の喜びです。

　令和2年11月

上山　雅子

Contents

序　章

開業するということ

「行政書士」という資格で起業を叶える

○　資格起業のメリット

　行政書士試験は，学歴や経験，年齢や国籍など関係なく受験でき，その上，合格すれば即開業できます。会社やバイトを辞めて，自分の力でお金を稼ぎ自由に生きて行きたいという人にとってはうってつけの資格です。

　国家資格である上，飲食店の営業許可や建設業許可など，行政書士には独占して代行できる業務があります。0からではなく，1からのスタートができる「起業」なのです。

○　「起業家」マインドでいこう

　とはいえ，「起業」という感覚が少ない人が多いのも事実です。登録して事務所を開設するだけで，仕事が舞い込んでくるというのは間違いです。行政書士数が少なかった30年前なら，そういうこともあったかもしれませんが，今は違います。

　行政書士数が増えた分だけ仕事が増えているわけではありませんし，2019年5月に公布されたデジタルファースト法により，行政手続は順次電子化され，簡素化・効率化される予定です。AIによって無くなる仕事の一つに挙げられることすらあります。

　「では，今から行政書士を目指しても無駄なのでしょうか？」

　私はそんなことはないと思っています。新型コロナウイルスの影響やAI技術の進歩による変化の時代だからこそ，新しいビジネスのチャンスが多く眠っているはずなのです。これらに柔軟に対応することで，新しい業務を切り拓いていけると考えています。

　今現在，過渡期であることは間違いありません。こんな時代だからこそ

行政書士資格を使って「起業」するというマインド，つまり起業家マインドを持つことが必要でしょう。

○　マーケティング思考

　もちろん，開業して，知り合いに挨拶する中で，運良く仕事を依頼される場合もあります。いわゆる「ご祝儀」と呼ばれる仕事です。ここで「なんだ，意外と簡単に仕事がもらえるじゃないか」と勘違いしてはいけません。これはあくまでも偶然の産物で，知り合いへの挨拶回りばかりしていても，依頼は増えません。

　これからの士業には，マーケティング思考が必要です。
　「行政書士として何を売るか」「どのようなニーズに対応していくか」「どうやって顧客をつかむか」を考え，売り込まずに自然に依頼につなげるフレームワークを作っていきましょう。着実に軌道に乗せる方法が見えてくるはずです。

Point　AI技術の進歩や新型コロナウイルスの影響で時代が変化する今，行政書士資格は過渡期。だからこそ「起業家マインド」と「マーケティング思考」が必要。

第1章　知ってもらう

第2章　問い合わせをもらう

第3章　会ってもらう

第4章　買ってもらう

第5章　また買ってもらう

第6章　もっと知りたい！開業Q&A

「行政書士は食えない」は本当か？

○ 行政書士の売上のリアル

　日本行政書士会連合会が行っている調査では，行政書士の78.7％が年商500万円未満，90％が年商1,000万円未満という結果が出ています（平成30年度）。これだけを見ると，「やっぱり行政書士は，ネットの評判通り食えない資格なのか」と思うかもしれません。

　年商だけが取り沙汰されがちですが，他にも年齢構成，業務歴，職業属性・他資格兼業，行政書士登録資格，補助者数，従業員数など，全部で17項目について調査結果が公表されています。

　ここで注目したいのは，年齢構成です。61歳以上が55.5％で，その内71歳以上の人は，19.9％です。想像していたよりも，年齢の高い人が多いと思いませんか？

　また，行政書士専業の人は52％，他資格との兼業の人は47％もいます（未回答１％）。登録はしているけど，登録だけで，メインは他士業の人も多いのです。

　つまり，年金受給者だったり，登録しているだけの他士業だったりで，「本気で行政書士で食べていこう」としている人の割合は小さいのです。その中で年商1,000万円以上が10％と考えると，そこまで少ない数字ではないかもしれません。実際，私の周りには，年商1,000万円を超える人が何人もいます。ネガティブな意見につい引っ張られがちですが，あまり悲観することはありません。

○ 事務所を「経営」する感覚が必要

　開業前も開業後も，経営の悩みの第一位はお金です。思うように売上が

なくても，家賃や通信費など，毎月決まった支出があります。初年度は赤字を覚悟して，その分の資金を預貯金から捻出するか，借入れを検討することになりますが，開業一年目の終わりには少しは手元に残るようにしたいものです。

　まずは，年商の目標設定をし，毎月のコストを管理しましょう。会社員やバイトから開業するためか，年商と年収を混同している人を見かけますが，この2つは違うものです。

年商：1年間の売上のこと
年収：1年間の収入のこと

　会社員やアルバイトなどの場合，雇用先からもらうお金は収入なので，1年間にもらうお金は，年収になります。これに対し，開業した場合，お客様からいただくお金は売上となり，1年間の売上は年商と呼びます。この年商から，経費等を引いて，自分の手元に入って来るお金が年収となります。この「年収」から，税金や生活費を支払います。

　開業時には，事務所の賃貸契約時の敷金礼金，オフィス用品などの設備資金がかかります。ホームページを外注して作成する場合は，その費用もかかります。また，実務の知識を得るための本や勉強会に使うお金は惜しむべきではありません。それゆえ，ある程度の開業資金が必要なのは事実です。

　開業一年目で少しでも手元にお金を残すのにはどうしたらよいのか。

　事務所を開業したら，あなたは「経営者」なのです。士業ゆえその感覚が薄い人も多くいます。事業計画書を作って，売上やコストを緻密に管理していきましょう。

Point　「行政書士で食べていく」という覚悟を持って，事務所経営をしていく。

序　章　開業するということ

第1章　知ってもらう

第2章　問い合わせをもらう

第3章　会ってもらう

第4章　買ってもらう

第5章　また買ってもらう

第6章　もっと知りたい！開業Q&A

売上の５つのフレームワーク

○ 売上までには時間がかかると心得る

　開業すると，一日も早く仕事を取りたいと思うものです。そのため，知り合いに会い，異業種交流会に参加するなどして，仕事を依頼してもらおうと，自分を売り込みがちです。結果，多くの人がこの段階で仕事につながらず，凹んだり，途方に暮れたり，中には３ヶ月で廃業してしまう人もいます。

　焦ってはいけません。行政書士の売上がすぐに上がることのほうが珍しいと考えてください。ベテランの実績ある行政書士ならまだしも，「会ってすぐ仕事の依頼」を新人の行政書士にするお客様は逆に怪しいともいえます。

　売上までには５つの段階があります。これを私は「売上の５つのフレームワーク」と呼んでいます。

●売上の５つのフレームワーク

フレームワーク１　知ってもらう
フレームワーク２　問い合わせをもらう
フレームワーク３　会ってもらう
フレームワーク４　買ってもらう
フレームワーク５　また買ってもらう

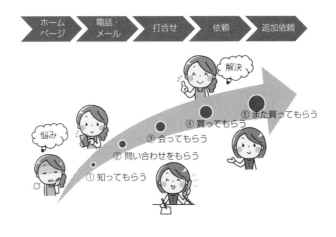

序　章　開業するということ

第1章　知ってもらう

第2章　問い合わせをもらう

第3章　会ってもらう

第4章　買ってもらう

第5章　また買ってもらう

第6章　もっと知りたい！開業Q&A

○ フレームワーク１は種まきの段階

　最初に知っておきたいのは，自分が行政書士で開業したことを誰かに伝えても，具体的にどんな業務ができるのかを知らせても，それはまだフレームワーク１の「知ってもらう」段階でしかないということです。とはいえ，種まきをしなければ芽は出ません。焦らずに種まきし続けるしかないのです。

　仕事を依頼してもらうまでには，その後「問い合わせをもらう」と「会ってもらう」の２つの段階があります。

　例えば，知ってもらった人の周りで不幸があって，そういえば相続手続きができる行政書士に会ったなと思い出してもらえると，ようやくフレームワーク２の「問い合わせをもらう」段階に進めるのです。

　そこからフレームワーク３の「会ってもらう」に進みますが，中には問い合わせの段階で料金を確認され，それなら自分でやってみると，断られることだってあります。それどころか，問い合わせの電話に出られなかったために，他の人に依頼されてしまうこともあるのです。

　フレームワーク２と３は，いわゆる芽の段階ですね。ここから花が咲く

か，枯れてしまうかはまだわかりません。お客様との相性や運もありますので，できるだけ多く種をまき，芽を生やす意識が重要です。

「この芽をぜったい咲かせる」と一つの案件だけに注力しすぎると，うまくいかなかったときに，事務所経営も危うくなりますし，自分自身のストレスにもなってしまうからです。

　本書では，この5つのフレームワークのそれぞれについて，詳しく解説します。

Point 「知ってもらう」「問い合わせをもらう」「会ってもらう」「買ってもらう」「また買ってもらう」の仕組みを作る。

行政書士としてどんなサービスを売るか

序章　開業するということ

第1章　知ってもらう

第2章　問い合わせをもらう

第3章　会ってもらう

第4章　買ってもらう

第5章　また頼ってもらう

第6章　もっと知りたい！開業Q&A

○　行政書士の業務は多種多様

行政書士の業務は多岐に渡りますが，主な仕事は次の３つに分けられます。

① 官公署に提出する書類の作成とその代理，相談業務　例：各種許認可等
② 権利義務に関する書類の作成とその代理，相談業務　例：協議書，契約書，定款等
③ 事実証明に関する書類の作成とその代理，相談業務　例：各種図面，議事録，会計帳簿等

許認可だけでも数千種類あると言われていますので，行政書士の仕事は，かなり広範囲に及ぶことがわかります。そんな数ある仕事の中で，自分は何をする行政書士なのかを決めることが，自分のビジネスをつくるはじめの一歩になります。「何でもできる」は，「何もできない」と同じです。

後で変えても構わないので，開業時に２つか３つ，専門業務を決めてから動きましょう。

○　お客様は行政書士の仕事内容を知らない

世の中には，行政書士という存在を知らない人，何をする人なのか知らない人もたくさんいます。

「行政書士です！」と自己紹介して，仕事をイメージしてくれるのは，同業者と他士業くらいでしょう。そのため，「自分が何をしている行政書士なのか」「お客様に対してどのようなサービスを提供できるのか」を具

体的に決めてアピールすることが，仕事につなげる上で重要です。

　「私は遺言書作成と相続手続きのお手伝いをします」「会社設立の手続き
をします」「飲食店営業許可申請をします」など，具体的な仕事内容を知
らせる必要があります。
　私たちは，ラーメンを食べたければラーメン屋に行きますし，髪を切り
たければ美容院を探します。これと同じで，遺言書を作りたい人は，遺言
書の相談ができる人を探しますし，飲食店を始めたい場合は，どうやって
始めたらいいのか調べます。
　最初から「行政書士に頼もう！」と考える人は，いないと考えていいで
しょう。

○　ビジョンを持って専門業務を決める

　合格後，独立開業する際に自分が何を専門にするか決めるときには，以
下の4つを考える必要があります。
①　誰を助けたいのか
②　どんな喜びを与えたいのか
③　自分にとって幸せとは何か
③　最終的に何を達成したいのか

　抽象的にも思えますが，自分の軸がないと起業家あるいは経営者として
やっていくことは厳しいです。自分が行政書士としてどんな未来を実現し
たいのか，ビジョンを考えることで，仕事をして行く上での軸が決まり，
仕事やお客様を選びやすくなります。
　「24時間働いてもいいから，年商アップを目指したい」のと「ライフ
ワークバランスをとっていきたいのか」では選ぶ仕事も変わります。
　私自身は，「自分自身の家族を守れるような経済力を身に付けたい」「自

分と同じ女性や，社会的に弱いとされる人たちに対し，知らなかったために損をしないような活動をしたい」というビジョンで開業しました。

　そのビジョンから，「会社設立サポート等の起業支援」と「相続・遺言書等のエンディングのサポート」をメインとしてやっていきたいと考えました。

　とはいえ，最初はなかなか仕事につながらず，当時の流行りであった補助金申請業務に取り組んだこともありましたが，自分の軸に合わないことを始めても，続かないことがわかったのです。

　結局，流行りや儲かりそうな業務に乗るのではなく，「お客様に損をしない情報を提供する」ことに軸を置いて活動を続け，段々と障害福祉サービス施設業務と遺言書作成業務がメイン業務として定着しました。

Point　行政書士の仕事はあまりにも多種多様。ビジョンを描いて専門業務を決める。

第1章　知ってもらう

第2章　問い合わせをもらう

第3章　会ってもらう

第4章　買ってもらう

第5章　また買ってもらう

第6章　もっと知りたい！　開業Q&A

独自性のあるサービスを考える

○ ひとり事務所で薄利多売は難しい

　専門業務を選ぶ時にビジョンのほかに一つポイントとなるのは，「料金と継続性」です。

　行政書士には，独占業務を含め，多種多様な業務があります。どんな許認可や書類の作成が来ても受けられるようにしておくのも一つのスタイルです。ただ，ひとり事務所の場合はたくさんの仕事をこなすのは困難です。専門を絞り，限定した業務の知識を深めて専門性を上げ，単価の高いサービスを売るほうが現実的と言えます。

　私のメイン業務の障害福祉サービス施設業務は，まだ専門の行政書士が少ないこともあり，価格競争に巻き込まれてなく，報酬の相場が高めです。また，障害福祉サービス施設では，毎月国保連に対し，給付金を請求する業務や，役所との折衝も少なくないため，業務提携や顧問契約につながる可能性があります。また，もうひとつのメイン業務の遺言書作成では，遺言書の中で遺言執行者に設定いただくことで，遺言者が亡くなった後の遺言執行業務が追加で依頼されます。

○ 自分だからこそできる業務を考える

　皆がやっていることを前にならえ，で看板に掲げても，価格競争に巻き込まれるだけです。レッドオーシャンに飛び込むのは危険です。

　できるだけ希少性が高い業務で，継続性があるもの，次の仕事につながるものを探すのがポイントです。あなただからこそできる独自性のある業務を考えましょう。

　言うのは簡単ですが，これが難しいのも事実です。だからこそ，鍵とな

序　章　開業するということ

第1章　知ってもらう

第2章　問い合わせをもらう

第3章　会ってもらう

第4章　買ってもらう

第5章　また買ってもらう

第6章　もっと知りたい！開業Q&A

るのです。あなたのビジョン，これまでの職歴や経歴を棚卸して考えてみるとよいでしょう。

　例えば，「遺言書作成」にしても，すべての人に向けた遺言書作成よりも「子供のいない夫婦のための遺言書作成」のように対象を絞ることで差別化がはかれます。

　遺言書作成だけでは無数の行政書士や他士業のホームページがあり，選びきれません。逆に，「子供のいない夫婦」と限定してあれば，「私の事だ」とページをひらいてもらいやすくなりますし，検索ワード対策にもなるでしょう。そこにやさしそうで相談しやすそうな雰囲気の行政書士の写真があれば「問い合わせてみようかな」と思ってくれるかもしれません。

　ターゲットを絞ったサービスを作ることで，心を掴み，問い合わせにつなげることができるのです。逆に，欲張りすぎてしまうと，誰にも届かないということになりかねません。

○　開業場所もポイントになる

　都心部では，価格競争が起こりやすい傾向があり，特にネットで検索される許認可申請については，地方よりも報酬単価が下がっているようです。人口が多く，仕事も多いですが，競争が激しいと言えます。

　逆に，地方では，値崩れは，そこまで起きておらず，ホームページを作って依頼が来ることも比較的早いようです。

　もちろん，遠方でもネットでやりとりすることはできますが，まだまだ「近くの行政書士と対面で相談しながら書類作成したい」というニーズはあります。高齢者であれば，なおさらです。「地元の方なら安心」という感覚もあります。事務所の立地を考える上で考慮したい点です。

Point　多様な業務のうち，希少性が高く，値崩れしない業務を探し，そこで専門性を高めていく。

事業計画書を作る

○ 経営者として事業計画書を作る

　士業にも年々ビジネス感覚が必要になっています。どんなサービスを作り，誰にどんな方法で提供して行くのかを考え，行動していかないと，AI に負けてしまうかもしれません。

　サービスを考えるのに重要なのは，ニーズを読むことです。人は「快楽を得るため」と「苦痛を逃れるため」にしかお金を払いません。特に苦痛は，今すぐ取り除きたいと思うものです。

　行政書士の業務は，後者。困っている人に解決策を提供して苦痛をなくし，その対価として報酬があるのです。

　行政書士は，トラブルを未然に防ぐ「予防法務の専門家」です。後々トラブルにならないよう，何を誰に提供し，その人にどんな未来を見せてあげられるのかを考えましょう。

　事業計画書を作ることで，事務所の経営者として何をすべきかが見えてきます。面倒でも作成をおすすめします。

　※　Excel フォーマットは「ショッシーブログ」でダウンロードできます（ダウンロードページ URL：https://shossy.com/kamiyama1000　パスワード：M6jjmu9tbKUR）。ここでは，開業経験のない方を念頭に，簡易的なものをご紹介します。

○ 事業計画書はシナリオのようなもの

　提供するサービスを決めたら，事業計画書に落とし込み，お金の動きを

序　章
こと
開業するという

第1章　知ってもらう

第2章　問い合わせを
もらう

第3章　会ってもらう

第4章　買ってもらう

第5章　また買ってもらう

第6章　もっと知りたい！
開業Q&A

含めて計画を立てます。いわば事業のシナリオです。

　ゴールを決めず，ただやみくもに動いても，自分が今どこにいるのかも見失います。自分がまずはどこを目指すのか。目標売上はどれくらいなのか。これを決めた上で，ゴールまでの道筋を作り，適宜動きながら修正します。業務は2つ3つ決めておき，3ヶ月ごとに状況を見直しましょう。状況により，メイン業務が変わることもありますし，業務は同じでも，商品・サービスが変わることは少なくないはずです。

　まず，次の10項目を業務ごとに書き出し，別途で Excel に月ごとに収支をまとめます。

(1)　ターゲット（お客様になる人）

(2)　課題（お客様の悩み）

(3)　解決策（自分が提供できること）

(4)　市場分析（市場はどんな状況か）

(5)　競合分析（ライバルはどんな状況か）

(6)　差別化（ライバルと自分の違いは何か）

(7)　事業の内容

(8)　ビジョン（事業の将来の姿）

(9)　実行方法（どのように事業を進めるのか）

(10)　収益計画（売上とコストを表にまとめる）

●**事業計画書（簡易版）サンプル**

ターゲット	市場分析	
課題		
	競合分析	差別化
解決策		
事業内容		
将来の姿・ビジョン		
実行方法		

収益計画	1年目	2年目	3年目
売上高　　　（A）			
販売管理費（B）			
営業利益　（A）－（B）			

第 1 章

知ってもらう
（フレームワーク 1 ）

「知ってもらう」ことがすべての始まり

○ ターゲットに自分を見つけてもらう

　困っている人に対し，それを解決できるサービスを提供したとしても，存在を知ってもらわなくてはビジネスが成立しません。とはいえ，困っている人を探すのは難しいです。外見だけで「あの人は今遺言書作成で困っている」とはわかりません。ですから，困っている人に自分を見つけてもらう必要があります。

　また，今後困ったことや手続きが必要になった場合に思い出してもらうために，あらかじめ知っておいてもらうことも重要です。

　これがフレームワーク1の「知ってもらう」です。

　「知ってもらう」方法は，大きく分けて2つあります。

　1つはネット。ホームページやSNSなど，ネットを利用して「知ってもらう」方法で，空中戦と表現されることもあるようです。

　もう1つはリアル。これは，パンフレットやチラシの配布，異業種交流会などでの名刺交換など，昔ながらの直接会って「知ってもらう」方法で，空中戦に対して，地上戦と言われています。

　「ネットとリアルはどちらが重要ですか」と聞かれることがありますが，当然のことながら，この2つはどちらも重要です。

○ できるだけ多くのツールを使う

　開業1年目は，あらゆることをして「知ってもらう」ことが大切です。この活動がその後の売上に大きく影響します。できるものから取り組み，できるだけ多くのツールを使いこなしましょう。

序　章　開業するという
こと

第1章
知ってもらう

第2章　問い合わせを
もらう

第3章　会ってもらう

第4章　買ってもらう

第5章　また買ってもらう

第6章　もっと知りたい！
開業Q&A

　WordPress でホームページを作って記事を書く場合も，それとは別に
アメブロなど無料ブログサービスを使って記事を書いてもいいでしょう。
なぜなら，ブログサービスを使うと，同じサービスを使ってブログを書い
ている人やその読者に，こちらのブログが読まれる可能性があるからで
す。WordPress は直接お問い合わせにつなげることができるためおすす
めですが，「知ってもらう」観点からすればアメブロ等ブログサービスは
有用なのです。

　これは，SNS も同じです。

　Facebook，Twitter，Instagram，YouTube など，利用している人の層
が微妙に違うため，できるだけ複数の SNS を利用して発信するといいで
しょう。開業直後は仕事が少ない分，発信に集中する時間があると思いま
す。

　ブログ記事は，公開後，ずっとネット上に残ります。

　検索されて読まれるようになると，そこからずっと問い合わせにつなが
る可能性があるので，情報提供のための記事を書き続けましょう。

　記事の効果は，半年から1年後に現れます。

　この辺りでやめてしまう人も多いのですが，本当にもったいないです。

　1年後の仕事のために，1週間に1記事，1年間で50記事書くイメージ
で続けると，1年後の状況が変わって来るのです。

○　人は関心のある情報しか見えない

　人は自分に関係ある話しか見ないし，聞きません。

　特に今は，情報が溢れ過ぎていて，ゴミのようなチラシやネット記事に
うんざりしている人もいるかもしれません。そんな中で，チラシやホーム
ページを読んでもらい，興味を持ってもらうためには，相手にとって有益

な情報を掲載することです。それゆえ，内容と見せ方にはこだわりが必要です。

●チラシやホームページでの見せ方のポイント

① 　タイトルは読みたくなるものを30字程度でつける（× 　遺言書の書き方について 　○ 　知ってあんしん！遺言書を自分で書く３つのポイント）。できるだけ具体的に，数字を入れると興味を引きやすい。

② 　導入部分で心を掴む。相手に寄り添った文章を入れる。「今，○○で困っていませんか？」など。

③ 　見出しや小見出しをつけて読みやすくする。飛ばし読みができるようにしておく。

④ 　適度に改行し，漢字を使い過ぎない。専門用語もなるべく避ける。

④ 　図や画像を入れるなど，目を楽しませる工夫をする

⑤ 　「お問い合わせ先」をわかりやすく表示する。

　ネットでもリアルでも，誰かのためになることを常に意識し，有益な情報を受け取ってもらうことで，サービスを「知ってもらう」必要があります。

Point 　ターゲットに必要な情報を届けるツールを手に入れる。

ホームページと SEO 対策

○ 名刺代わりのホームページ

　総務省平成30年版情報通信白書によると，インターネットの利用者は，10代から50代までが90％を超え，その内スマホの利用者は，20代，30代が90％以上，40代は86.9％，50代は75.1％と，かなり高くなっています。

　何か知りたいことがあればスマホで検索し，調べる人が多い時代です。ホームページの中に誰かの悩みや疑問に答える記事を掲載することで，同じような悩みを持つ人にサービスを知ってもらうことができます。ホームページには，行政書士としての業務のほか，ビジョンや経歴も掲載でき，名刺代わりになってくれますので，作成しないのはもったいないことです。とはいえ，高いお金をかけてこだわって作ったところで，見てもらえなければ何の意味もありません。

　ホームページにたどり着いてもらうためには，検索してクリックされるか，あるいは SNS やブログから誘導するかになります。

○ 検索上位になるための SEO 対策

　例えば，障害福祉サービス施設指定申請を取りたいと考えている人（事業者等）が，PC やスマホで「障害福祉サービス施設申請サポート」「障害福祉施設申請　行政書士」のような検索ワードで検索すると，それに関する記事のタイトルと説明文が表示されます。そこから指定申請の相談や代行について書いてありそうなものを選び，クリックし，1つのページを開きます。これが検索してたどり着いてもらった状態です。

　ここで重要なのは，「障害福祉サービス施設申請サポート」などのワードで検索された時に，自分のホームページが検索上位に表示されることで

序　章　開業するということ
第1章　知ってもらう
第2章　問い合わせをもらう
第3章　会ってもらう
第4章　買ってもらう
第5章　また買ってもらう
第6章　もっと知りたい！開業Q&A

す。この時に自分のホームページが表示されなければ，誰かが障害福祉サービス施設指定申請について調べていても，たどり着きようがありません。

　次の画像は，「障害福祉施設申請サポート」と検索した時に表示される画面です。一番上に表示されているのが私の事務所のホームページです（太線内）。これが検索順位一位になった状態です。この状態になると，目に留まりやすく，記事にたどり着いてもらいやすくなります。

●検索結果

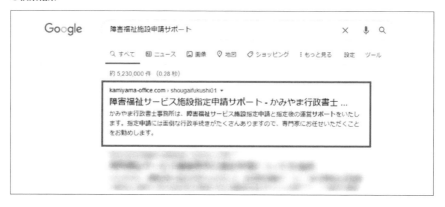

　検索順位は，タイトルや記事の構成等を工夫することで，画像のように上の方に表示させることができます。この工夫を SEO（検索エンジン最適化）と言います。

　例えば，上の画像のタイトルは「障害福祉サービス施設指定申請サポート」とあります。タイトルの中にキーワード，つまり検索に使われるワードを入れることが重要です。

　また，タイトルの下に表示されているのが，メタディスクリプションと言って，記事の説明文になります。これは，WordPress で記事を書く際に入力することができ，タイトル同様，メタディスクリプションもキーワードを入れながら作成することが重要です。

クリックすると，下の画像となります。見出しを付けて障害福祉サービス施設指定申請について解説，サポート内容，料金等をまとめています。

序章　開業するということ
第1章　知ってもらう
第2章　問い合わせをもらう
第3章　会ってもらう
第4章　買ってもらう
第5章　また買ってもらう
第6章　もっと知りたい！開業Q&A

●**タイトルにはキーワードを入れる**

　現在，SEOは，Googleの検索エンジンに合わせる必要があります。検索順位を決めているのはGoogleだからです。Googleの理念の1つに

「ユーザーに焦点を絞れば，他のものはみな後からついてくる」というものがありますが，この顧客ファーストの考えが，Google 検索エンジンの基本です。お客様にとって良い記事，役立つ記事，信頼性のある記事が検索上位に来るよう，日々改良されているため，検索上位に表示されるためには，読む人が知りたいことを，次のポイントに沿ってわかりやすく見やすく正確に書くことが大切です。

- タイトルはキーワードを入れ，30字程度にする
- メタディスクリプションはキーワードを入れ，130字程度にする
- 見出しやリスト表示を使う
- 画像を入れて目を引き，飽きさせないようにする
- リンクを入れ，関連記事などを紹介する

　Google 検索エンジンと相性が良いのが，WordPress です。2009年に Google 検索エンジンの開発責任者が，WordPress が Google 検索の SEO に効果があると公認しています。

　検索順位を１位にするのは簡単ではないため，広告という形で費用を払って，一番上に表示させているページも少なくありません。これを PPC 広告，リスティング広告と言いますが，初期費用に加え，クリックされるごとに数十円から数百円が課金されるのが一般的です。なお，広告には「広告」という表示が付きます。

　Google 検索エンジンの傾向については年に２回程度のアップデートがあるため，情報収集も必要です。

 タイトル，見出しに検索されるワードを入れるなどの SEO 対策をする。

SNS 等の活用

○ ホームページに誘導する媒体としての利用

日頃から Facebook や Twitter，ブログ，メルマガ等で発信する中で，自分のホームページのリンクを貼り，それをクリックしてもらうことで，ホームページにたどり着いてもらうことができます。また，自分の SNS ではなく，知り合いなど，他人の SNS を経由する場合もあります。

もともと SNS は，友だちとのコミュニケーションツールとして開発されたものですが，今や立派な広告ツールです。Twitter は4,500万人，Instagram は3,300万人，YouTube は6,200万人という，日本の利用者人数が報告されています。多くの人が利用するツールのそれぞれの特徴と活用法を挙げます。

○ Facebook・Facebook ページ

Facebook には，個人ページとは別に，事務所やサービスごとにアカウントが作成できる「Facebook ページ」があります。すでに友だちとのコミュニケーションが中心になっている人も，別に事務所の Facebook ページを開設すれば，その中で仕事の投稿ができますので使い分けができ，便利です。

Facebook に投稿した記事は，Facebook 上で友だち登録している人か，フォロワーにしか表示されないため，まずは友だちとフォロワーを増やすことが重要です。

Facebook ページの場合は，「ページいいね」をしてくれた人だけに投稿記事が表示されます。Facebook ページを作ったら，Facebook の友だちに「ページいいね」をしてもらうよう申請しましょう。

序章 開業するということ

第1章 知ってもらう

第2章 問い合わせをもらう

第3章 会ってもらう

第4章 買ってもらう

第5章 また買ってもらう

第6章 もっと知りたい！ 開業Q&A

せっかく投稿しても，友だちや「ページいいね」がなければ，誰にも見てもらえないことを知っておきましょう。地域を絞って活動している場合は，その地域の人たちに見てもらえるよう，地域の人たちに友だちになってもらえる工夫をしましょう。地域の有益情報を定期的に発信すると，この人の情報がいつでも見られるようにしたいと思ってもらえ，友だち申請につながるはずです。

発信する内容を有益な情報に絞ることをおすすめします。

また，Facebook ページには，Facebook 広告が使える利点があります。Facebook 広告とは，Facebook ページの投稿を広告する機能で，広告する相手の地域，年齢，性別，趣味等を選択し，広告期間と費用が選べます。この広告機能を使うと，「ページいいね」をしてくれた以外の人にも表示され，たくさんの人に投稿を見てもらうことができます。Facebook ページを開設したら，Facebook 広告にも挑戦してみるといいでしょう。

○ Twitter

Twitter は，Facebook と違い，匿名性が高い SNS ですので，発言が叩かれて炎上しやすい傾向にあります。Twitter で投稿したものは，フォロワーと Like ボタンを押してくれたフォロワーのフォロワーにしか表示されません。投稿をたくさんの人に見てもらうためには，フォロワーを増やすことが重要です。匿名性が高い中で，実名や仕事を公表して投稿することで，信頼につながり，有益な投稿をすることで，フォロワーが増えやすくなるでしょう。Facebook 同様，有益な情報を意識して発信することがおすすめです。

ただし，Twitter の場合，匿名性が高いこともあり，フォロワーの中にはアンチもいると思った方がいいでしょう。例えば，行政書士なのに登記や労務系，税務に関する投稿で，他士業や同業者に叩かれることもあります。誤解を与えないような書き方をして，無駄な争いは避けましょう。

◯ Instagram

Instagram は，文字よりも画像で見せる SNS です。行政書士業務にとらわれすぎると，どんな画像を載せたらいいか悩みそうですが，仕事や講演時の服装や持ち物，講座や勉強会風景など，画像から仕事の様子がわかり，フォロワーが増える流れを作りましょう。ファッションや写真が得意な人は，行政書士とは別視点でサービスを作るのもおすすめです。

◯ YouTube

YouTube の利用者数が急激に伸びたのは，ここ数年のことです。一般的に YouTuber と言われる動画で稼いでいる人たちは，自分で作成した動画を YouTube にアップすることで，動画内に入れられる広告がどれだけ再生されたかにより，収益を得ています。

私がおすすめするのは，YouTuber とは違う活用法です。

自分のサービスに関する動画，例えば，建設業許可の取得に関する注意事項等を講義するような動画を作成し，自分の YouTube チャンネルに掲載します。建設業許可について知りたい人が動画を見てくれるので，動画内や，動画の概要欄に事務所情報を入れ，チャンネル登録や問い合わせにつなげましょう。まずは自分のチャンネルを作り，動画を増やします。

◯ LINE のビジネスアカウント

LINE はメッセンジャーや電話の機能を利用している人が多いですが，ビジネスアカウントを取得することで，自分のサービスに興味がある人たちに友だち登録してもらい，メッセージを送信することが出来ます。個人事業の広告は，より多くの人に届けるよりも，自分のサービスに興味のある人たちに確実に届けることが重要ですので，LINE は有効な手段です。

序章　開業するということ
第1章　知ってもらう
第2章　問い合わせをもらう
第3章　会ってもらう
第4章　買ってもらう
第5章　また買ってもらう
第6章　もっと知りたい！開業Q&A

問い合わせにつながるホームページとは

○ ホームページを24時間働く営業マンに育てる

　ホームページの最終目的は，問い合わせをもらうことです。定期的に問い合わせが入り，仕事につなげることができれば，営業の労力を勉強などほかのことに回せます。まずは，ホームページを24時間働いてくれる営業マンに育てましょう。

　大前提として，記事の内容が誰かにとって役立つ知識，悩みや疑問に対する解決策になっているかを確認しましょう。たまには人柄がわかるような個人的な記事もよいですが，役立つ記事が埋もれてしまっては本当に残念です。

　最終的にお問い合わせにつながるように，記事にリンクや連絡先も適宜挿入します。せっかく訪問してくれた人に，お問い合わせ先を探させてはいけません。

　また，ホームページで一番読まれるのが，代表者プロフィールと料金表です。問い合わせる際に，「どんな人が相談に乗ってくれるのか」「いくらかかるか」を気にしていることがわかります。

○ 「この人に依頼したい」と思わせるプロフィールの工夫

　プロフィールは「この人に依頼したい」と思わせるものにしたいものです。例えば，建設業の経営者に読んでもらい，「この人に建設業許可を依頼したい」と思われたいなら，建設業許可の実績や，建設業界への想いなどが書いてあると，信頼や共感につながります。

　最も重要なのは，誰にアプローチしたいか，いわゆる「ターゲット」を決めることです。あまり欲張らずに，業務を1つに絞り，来てほしいお客

さまのイメージを明確にしていきましょう。

　例えば，遺言書作成業務について考えてみます。まずは，多いのが高齢者ですが，これではターゲットが絞り切れずぼんやりとしています。同じ高齢者でも，状況は様々です。

　ここで，もっと，お客さま像を絞ります。例えば，お子さんがいない資産家の夫婦，と仮定してみます。そうすると，どちらかが亡くなった場合，亡くなった方の兄弟姉妹も相続人となります。このような夫婦に「遺言書があれば遺産分割協議が不要になり，相続手続きが簡単になるので，争いも防げますよ」と伝えれば，興味を持ってくれるでしょう。

　ターゲットを絞るということは，他を捨てるということです。何かを手に入れるためには，何かを捨てないといけません。「みなさんの遺言書作成のサポートをします！」と伝えても，誰の心も掴みません。

　ちなみに，ホームページのプロフィールはあまり長いと読まれません。伝えたいことは，「代表者あいさつ」や「代表者紹介」などに小分けするとよいでしょう。また，学歴や過去の勤務先，年齢，出身，家族構成などは，ターゲットを考えた上で，戦略的に入れるかどうか考えましょう。

　プロフィールの文字数の目安としては，ホームページに掲載するなら300〜350字程度，チラシなら180〜200字程度です。まずは以下の項目をざっくりと書いてみて，分量を調整してターゲットごとに何パターンか作ってみるとよいでしょう。

●プロフィールの項目

①　あなたが何ができる行政書士なのかがわかるキャッチフレーズ

②　行政書士になったきっかけ

③　これまでの経験，活動，実績（数字を入れる）

④　現在の活動，実績（数字を入れる）

⑤　目標，使命，想い（未来の自分をイメージ）

⑥　目標，使命，想いを実現させるためにしていること

○ 売上を左右するプロフィール写真

　人の印象は瞬時に決まると言われています。心理学的に，初頭効果やメラビアンの法則と言われていますが，人は，最初に受けた印象が強く残り，視覚・聴覚からの情報で印象を決める傾向があります。写真を見た時に，「この人暗そうだな」とか，「仕事できそうだな」などと，一瞬で判断することがあるはずです。

　名刺やパンフレット，ホームページに載せるプロフィール写真は，できるだけプロのカメラマンに撮影してもらいましょう。費用はかかりますが，自分の印象を決めるものですし，売上を左右すると言っても過言ではありません。プロフィール写真を得意としているカメラマンの方は，表情を引き出すことも，撮影の場所，小道具も知り尽くしています。

　また，プロフィール写真を撮ってもらったら，どの写真を名刺やパンフレット，ホームページに掲載するか，悩むと思います。その時は，自分で選ばず，他人に選んでもらいましょう。写真を見て，問い合わせをするかどうか決めるのは，他人だからです。

○ 料金表はわかりやすく

　料金表は，見やすくわかりやすいことが重要です。最終的にいくらかかるのか，概算を表示します。基本料金のみを表示して，後から追加したり，あまりに金額に幅を持たせたりするのは，不信感やトラブルのもとになります。

Point　料金表・プロフィールがホームページから問い合わせをもらう鍵となる。

WordPress を使って自力でホームページを作成する

開業時はお金がないものです。外注すると料金が高くてなかなか手が出ない…と，悩む人もいるのではないでしょうか。ホームページは次の手順で作成し，自分で管理，編集することができます。

ホームページの作成には，WordPress（無料）がおすすめです。

○ ドメインを取り，サーバーを借りる

ドメインとは，インターネットの「住所」のようなものです。ホームページを公開する際に欠かせません。○○.com のようなホームページの URL になるものです。

また，これからホームページを作りたいと思うなら，そのデータを保管するためのサーバーが必要不可欠です。

エックスサーバー，お名前ドットコムサーバーなど，色々なレンタルサーバーがあります。「レンタルサーバー」で検索し，合うものを見つけてください。なお，ドメインとサーバーが同時に取得できるほうが便利です。

○ サーバー操作について理解する

サーバーには，それぞれに取扱説明があります。レンタルサーバーを借りたらそれを読んで操作を理解します。

サーバーコントロールパネル（サーバーやメール，ドメインの各種設定など，サーバーの運営に必要な各種作業をメニュー化した管理画面）のあ

序　章　開業ということ

第 1 章　知ってもらう

第 2 章　問い合わせをもらう

第 3 章　会ってもらう

第 4 章　買ってもらう

第 5 章　また買ってもらう

第 6 章　もっと知りたい！開業 Q&A

るサーバーが，使いやすいです。ない場合は，FFFTP というアプリケーションを使い操作するのが一般的です。

●レンタルサーバー（お名前 . com）

　上の図はお名前ドットコムサーバーのコントロールパネルです。「おすすめメニュー」から WordPress のインストールやメール設定ができ，初心者にもわかりやすい仕様になっています。

○ メールを設定する

　メールアドレスやメールの送受信についての設定をします。こちらもレンタルサーバーのサーバー操作の一部と考えていいでしょう。サーバーのコントロールパネルから，それほど難しくなく設定できます。

○ WordPress をインストールする

　WordPress とは，ホームページやブログを作成するアプリのようなもので，大手企業でも採用しているようなメジャーなシステムです。サーバーのコントロールパネルから簡単にインストールできます。

●サーバーのコントロールパネルから WordPress をインストールする

○ WordPress でホームページを作る

　次頁の画像は，WordPress をインストール後，ダッシュボードというWordPress の管理画面にログインした時に表示されるものです。左側の黒い部分の「投稿」や「固定ページ」をクリックして記事や事務所概要などを作成して行きます。

序　章　開業するということ

第 1 章　知ってもらう

第 2 章　問い合わせをもらう

第 3 章　会ってもらう

第 4 章　買ってもらう

第 5 章　また買ってもらう

第 6 章　もっと知りたい！　開業 Q&A

●ダッシュボード

　最初に設定をします（左側の黒い部分の「設定」から編集できます）。WordPress の設定には，一般設定，投稿設定，表示設定，ディスカッション設定，メディア設定，パーマリンク設定があります。そのままでも大丈夫ですが，例えば記事にコメントを付けたくないなど，設定を変更することが可能です。

　また，プラグインのインストールが必要です。プラグインとは，WordPress に機能を追加するアプリのようなものです。

　次頁の画像は，新規プラグインを追加する画面です。文章の編集は，下の「Classic Editor」がおすすめです。「今すぐインストールする」ボタンをクリックしてインストールし「有効化」ボタンをクリックするだけで使えます。ただし，プラグインによってはセキュリティが甘いものもあるため，信用できるプラグインのみインストールしましょう。

● Classic Editor（プラグイン）

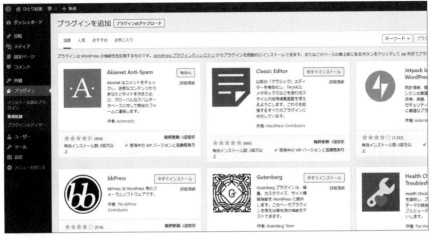

　他にも，お問い合わせページを作る「Contact Form 7」や，文章の編集機能を増やす「TinyMCE Advanced」などをインストールすることをおすすめします。

　また，WordPress には，無料のテーマ（ホームページの枠組みとなるテンプレート）が何万とあり，次頁の画像のように WordPress にダッシュボードから簡単にインストールすることができますが，すべて英語版です。出来れば多少お金を出して，日本語版のテーマを準備するといいでしょう。

序章　開業するということ

第1章　知ってもらう

第2章　問い合わせをもらう

第3章　会ってもらう

第4章　買ってもらう

第5章　また買ってもらう

第6章　もっと知りたい！開業Q&A

●無料のテンプレート

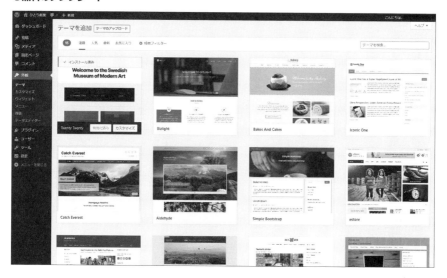

○ 画像加工ツールを用意する

　ホームページを作っていて悩むのは，「画像」をどうするかです。無料
画像のサイトからダウンロードしても，そのままでは上手く使えないこと
が多く，加工が必要になります。「Paint」などの無料アプリを使ってもい
いですし，お金をかけて illustrator や Photoshop を使うなど，何かしら画
像加工ツールを用意しましょう。

　Windows の PC に付属している無料アプリ「Paint」を使うと，次頁の
画像のようなサイズ変更や文字入れなどが簡単にできます。機能は少ない
ですが，無料なので気軽に使えておすすめです。

● Paint

○ 固定ページを作る

　WordPress には「固定ページ」と「投稿ページ」があります。「固定ページ」は，名前の通り固定されたページで，常にメニュー等に表示したいものを設定します。「事務所概要」「料金表」「代表者紹介」「お問い合わせページ」等です。　固定ページは，そのままでは表示されません。ホームページのヘッダーとフッターにメニューバーが表示できるので，ここに固定ページを紐づけることが必要です。

　メニューも次頁の画像のように WordPress の管理画面から簡単に設定できます。こちらの画面は使用するテーマにより，多少変わります。

序　章　開業するということ

第1章　知ってもらう

第2章　問い合わせをもらう

第3章　会ってもらう

第4章　買ってもらう

第5章　また質問ってもらう

第6章　もっと知りたい！開業Q&A

●メニューを編集する

○ 投稿記事を更新する

　投稿記事とは，日々更新できるブログのことです。更新されると，一番新しいものが上がって来るイメージです。日々の情報発信は，投稿ページを使います。

　記事の内容は，お客様の悩みと解決法を書くことが基本です。

　出来るだけ50から100ページまでは増やしたいところです。週に1つ書くと，2年で100ページになります。

　次頁の画像は，プラグイン「Classic Editor」有効化後の投稿画面です。タイトルを入力し，本文を入力，アイキャッチ画像を入れて「公開」ボタンをクリックすると記事の投稿が完了します。アメブロなどのブログサービスとほぼ変わらない仕様になっているので，どなたでも簡単に記事を作成できるはずです。

●投稿記事の更新

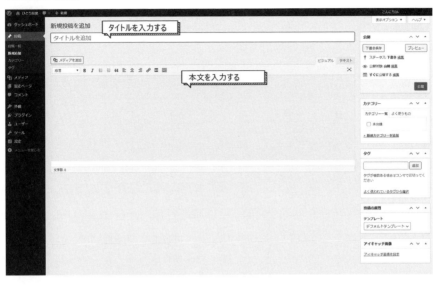

○ サイドバーを設定する

WordPress には、ウィジェットという機能があります。これは、サイドバーの設定等ができる機能です。最新記事を表示させたり、バナーを表示させたり、テーマによっては、ページごとに表示方法を変えることもできます。サイドバーを工夫することで、より多くの記事を読んでもらえるようになります。

序章 開業するということ

第1章 知ってもらう

第2章 問い合わせをもらう

第3章 会ってもらう

第4章 買ってもらう

第5章 また買ってもらう

第6章 もっと知りたい！開業Q&A

●サイドバーの設定

Point	わからないことは，「WordPress ○○」と検索すると回答が見
	つかるはずです。

Google アナリティクスを活用する

○ 無料ツールで訪問者を知る

　自分のホームページにどれだけの人がたどり着いているのか，それはどこから来て，何分滞在して，どの記事を何分くらいかけて読んでいるのか，分析することはとても重要です。ホームページへのアクセス数等を分析できるのが，Google アナリティクスというサービスです。Google が提供する無料ツールですので，分析用に活用しましょう。

　「Google アナリティクス」で検索すると次のような画面が表示されますので「無料で利用する」ボタンをクリックします。

● **Google アナリティクス**

　次に次頁の表示に変わるので，すでに Gmail のアカウントがある人は Gmail アドレスを入力して「次へ」と進み，新しく Gmail アカウントを作成する場合は，「アカウントを作成」をクリックして進みます。

序章　開業するということ

第1章　知ってもらう

第2章　問い合わせをもらう

第3章　会ってもらう

第4章　買ってもらう

第5章　また買ってもらう

第6章　開業Q&A　もっと知りたい！

●ログイン画面

Google

ログイン

Google アナリティクスに移動する

メールアドレスまたは電話番号

メールアドレスを忘れた場合

ご自分のパソコンでない場合は、ゲストモードを使用
して非公開でログインしてください。詳細

アカウントを作成   次へ

日本語 ▼   ヘルプ　プライバシー　規約

　「Google アナリティクス」に登録したら，自分のホームページの URL
を設定し，トラッキングコードを取得します。これを WordPress の「テー
マエディター」内の〈head〉の下に貼り付けることでアクセス分析が可
能になります。

　ホームページを訪問してくれた人が，どの記事を読んで，最終的に問い
合わせページにたどり着いたのかどうか，必ず分析しましょう。知らない
と，改善するにも何をしたらいいのかわからないはずです。少なくとも，
次のデータは取れるようにしておきましょう。

● Google アナリティクスで取りたいデータ

① 　PV（ページビュー）：見られているページ数
② 　サイトコンテンツ：よく読まれているページ
③ 　離脱率：訪問者がどのページで離脱したのか
④ 　問い合わせページが見られた回数
⑤ 　検索クエリ：どんな検索ワードで検索されているか

Google アナリティクスの導入が難しい場合，WordPress でホームペー
ジを作成しているのであれば，「WP Statistics」というプラグインを使え
ば，これをインストールするだけで，訪問者の数や属性，検索ワードなど
がわかります。こういった便利なプラグインがたくさんあるのも，
WordPress の特徴です。

Point　訪問者の数や属性，検索ワードを知って，アクセス数向上につ
なげる。

序章　開業するという
　　　こと

第1章
　　知ってもらう

第2章　問い合わせを
　　　　もらう

第3章　会ってもらう

第4章　買ってもらう

第5章　また買ってもらう

第6章　もっと知りたい！
　　　　開業Q&A

チラシやタウン誌などの紙媒体も
まだまだ使える

○ 高齢者は紙媒体に馴染みがある

　多くの人がスマホで情報収集する世の中になりましたが，まだまだ紙の威力は無くなっていません。新聞の発行部数は年々減少傾向にありますが，それでも2019年時点で4,623万部以上の実績があります（一般社団法人日本新聞協会ホームページより）。

　特に高齢者にとって，いまだ新聞はメインの情報媒体です。遺言書や任意後見契約など，高齢者がお客様になるサービスは，毎日目を通す習慣がついている新聞折り込み広告等は効果的です。

　私も，週に一度発行される，新聞折り込みの地域情報誌に遺言書講座（毎月開催）の広告を掲載してもらっています。

●地域情報誌への広告

　この告知には講座のタイトル・概要・日時・会場・料金・申込方法（連絡先）・講師の氏名・肩書・写真などをわかりやすく掲載します。

　私は，女性と一目でわかるように，広告の色合いをピンクにしています。また，講座の様子がわかる写真を載せています。これにより，すでに

序章　開業するということ

第1章　知ってもらう

第2章　問い合わせをもらう

第3章　会ってもらう

第4章　買ってもらう

第5章　また買ってもらう

第6章　もっと知りたい！開業Q&A

講座開催をして，人が集まっていることがわかるので，安心して参加申込みをしてもらえます。

　また，料金を1,000円にすることで，お金を払ってでも聞きたい人が申し込んでくれるようになります。無料の方が数はたくさん集まりますが，料金を払ってでも参加してくれる人のほうが受任につながりやすいです。実績のないうちは無料講座にして，時間をおいて，料金を設定してもよいでしょう。

○　自治体広報誌

　新聞だけでなく，自治体が発行する広報誌にも，講座開催の告知ページがあると思います。無料で開催する講座のみを対象とするなど，自治体により細かい条件がありますので，事前に確認が必要です。また，駅の掲示板等に講座の告知チラシを貼ってもらえたり，公民館等にチラシを置いてもらえたりする自治体もあります。

Point　　ターゲットが高齢者の場合は，紙媒体が効果的。

保管してもらえるパンフレット

○ 3つ折りパンフレット

　遺言書作成では，パンフレットを作成し，参加者に配布しています。その後，相談にお越しいただく際に，パンフレットを持参してくださる方が多いです。高齢者は，こういったパンフレット類を先のために保管しておく傾向があるようです。

　それゆえ，少し費用がかかっても，業者に印刷してもらい，少し厚めの紙で作成するといいでしょう。

　デザイン等，基本的な作成を自分で行い，印刷だけ業者に依頼すれば，500部でも1,000部でも，数千円で作ることができるはずです。「知ってもらう」ためのツールとして，決して高くない金額だと思います。

　情報を詰め込み過ぎず，文字の大きさにも注意し，Ａ４サイズを３分割するイメージで，次の内容を盛り込むといいでしょう。

●3つ折りパンフレット外側

- 業務のタイトル（例：遺言書作成のご案内）イメージ画像・事務所名
- 事務所概要地図や案内図・住所・電話番号・事務所名・代表者名・受付時間等
- 業務を依頼したくなる情報

例：遺言書を書く３つのメリット・こんな方におすすめです

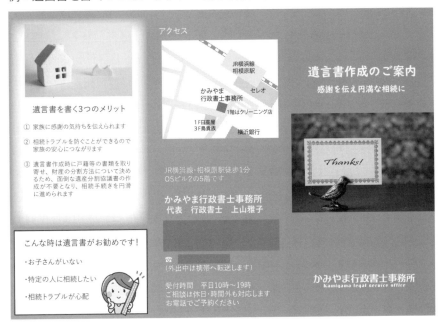

序　章　　開業するということ

第１章　知ってもらう

第２章　問い合わせをもらう

第３章　会ってもらう

第４章　買ってもらう

第５章　また買ってもらう

第６章　もっと知りたい！開業Q&A

- ごあいさつ・代表者の想い・プロフィール・写真等
- 手続きの流れ・料金

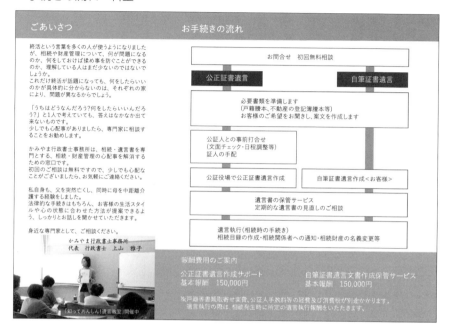

Point パンフレットの印刷には費用をかけ，保管したくなるものを作る。

覚えてもらえる名刺

○ 名刺は戦略的に作る

　試験に合格すると，最初に作成するのが，名刺ではないでしょうか。開業すると，名刺交換の場が想像以上に多いです。

　たくさんの名刺を渡せば，受け取る名刺も増えます。1ヶ月もしないうちに，「この名刺の人，どんな人だっけ？」ということが増えます。

　相手も同じでしょう。そうであれば，名刺には写真を入れておくべきです。とはいえ，加工し過ぎているものや，若い時の写真を載せていると，交換した瞬間，相手に違和感を持たれますので注意です。特に女性には多いですが，私も定期的にプロフィール写真を取り直して差し替えるようにしています。

○ 裏に「業務」を書く

　また，名刺は裏まで使いましょう。自分のできること，したいことを，業務として3つ程度わかりやすい言葉で挙げておくといいでしょう。行政書士と言っても何をするのかピンとこない人のほうが多いからです。

　また，各種許認可と聞いて，建設業許可とか？と思い浮かぶ人は，建設業の人か行政書士だけです。具体的にわかりやすく記載します。

　また，業務が複数の場合は，建設業許可用の名刺と遺言書・相続手続き用の名刺など別々に作るのもよいです。遺言書講座で名刺を渡す場合，「遺言書専門行政書士」となっていれば，相手に安心してもらえます。名刺があると，遺言書を作成したい人に安心を与えることになるでしょう。

　渡す相手が誰なのか，名刺を受け取ってどんな気持ちになるのか，その後の問い合わせにつなげるためには，どんな名刺にしたらいいのか。この

序章 開業するということ

第1章 知ってもらう

第2章 問い合わせをもらう

第3章 会ってもらう

第4章 買ってもらう

第5章 また買ってもらう

第6章 もっと知りたい！開業Q&A

辺をしっかり考えた上で作成して行きましょう。

●表面

●裏面

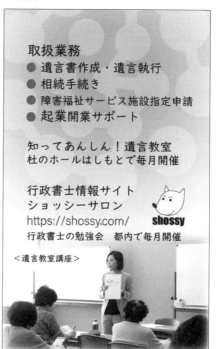

◯ おしゃれな名刺は逆効果？

　時々凝りに凝ったおしゃれな名刺をいただくことがありますが，デザイナーではないので実用性重視でいいのかな，と思います。小さい文字は高齢者には見えづらいですし，サイズや形が変わったものは，保管しづらいです。ターゲット次第ですが，価格も高くなりますし，あまり挑戦する必要もないかと思います。

Point　名刺の顔写真と具体的な業務内容は重要。

第 2 章

問い合わせをもらう
（フレームワーク 2 ）

ホームページからの問い合わせ

○ 依頼の8割がホームページ

　行政書士として開業してから，最初の3年間で得た仕事は8割以上ホームページからでした。場所を選ばないだけに，遠方の人からの依頼があり，電話で打ち合わせ後，郵送で契約書・委任状をもらったこともあります。

　このように，営業マンとして働いてくれるホームページですが，残念なものをよく見かけます。例えば，お問い合わせページがなかったり，送信エラーになってしまったりするものです。作成したときは大丈夫でも，何かを変更したときにエラーになってしまうこともありますので，テストを時折するとよいです。

○ 問い合わせフォームのセキュリティは万全に

　問い合わせフォームを作成するには，WordPress のプラグインを使うか，問い合わせフォーム作成サービスを使うといいでしょう。無料のもので問題なく作成できます。次頁の画像は WordPress のプラグイン「Contact form 7」で作成した問い合わせフォームの一例です。

●問い合わせフォーム

お名前（必須）	
メールアドレス（必須）	
お電話番号	
お問い合わせ内容（必須）	
送信前のご確認	☐ 内容が正しいことを確認してチェックをつけてください。

このページを利用して、お問い合わせ頂くお客さまの個人情報はSSLによって暗号化され保護されます。

上記内容で送信する

序　章　開業するということ

第1章　知ってもらう

第2章　問い合わせをもらう

第3章　会ってもらう

第4章　買ってもらう

第5章　また買ってもらう

第6章　もっと知りたい！開業Q&A

　悪質な問い合わせもあるので，セキュリティ対策も必要です。例えば，海外からの発信で，大量な問い合わせを送信する，いたずらのようなものや，クリックすると詐欺サイトに誘導されるものや，ウイルスを含むものもあります。

　海外からのアクセスを制御するなど，サーバーのセキュリティ設定もチェックすることをおすすめします。

○ 入力項目は最低限に

　私もそうですが，問い合わせフォームに入力する項目が多いと，入力が面倒になって途中で辞めてしまうことがあります。特に高齢者だと，色々情報を入力するのは億劫ですし，個人情報が洩れるのではと心配になることもあるようです。入力項目は「名前」「電話番号」「メールアドレス」「お問い合わせ内容」くらいの最低限にしておくといいでしょう。

　入力項目が最低限でも，この問い合わせフォームのよいところは，名前と連絡先がわかることです。電話の問い合わせの場合，名前や電話番号を言わない人もいます。電話番号がわかっても，こちらから電話すると出ないということも多いです。
　その点問い合わせフォームは，名前と連絡先，問い合わせ項目がわかるという点で，見込み客リストが手に入ることにもつながるのです。

○ 問い合わせに誘導する

　見込み客の情報を手に入れるためにも，記事を読んだ方に自然に問い合わせてもらうようにしたいところです。記事には，お問い合わせページへのリンクを適切に貼りましょう。すべての記事にお問い合せページのリンクを貼るのも売り込みが強くなりますし，リンクがあまりにも少ないのも問題です。
　例えば，記事を読んで「自分の場合はどうなるのだろう？」「もっと詳しく聞いてみたい」という気持ちになってもらったら，すぐ下にリンクがあればクリックしてもらえる可能性も高まります。記事の内容にも工夫が必要です。
　また，アメブロなどの無料ブログは手軽に始められるのがよいのですが，お問い合わせページを作ることができず，また，メールアドレスや電

話番号を載せることもできないことが多いので，その点にデメリットがあります。仕事につなげる点では，ホームページの方が向いていると言えそうです。

　記事中にお問い合わせページへのリンクを貼る時は，一目でわかるように青文字にして下線を付けるか，ボタンを設置するとよいです。
　また，急ぎの依頼や，すぐに答えがほしい人など，ホームページを見て電話で問い合わせが入る場合もあります。電話番号やメールアドレス，Facebook ページのような事務所の SNS の URL を掲載するといいでしょう。色々な形で問い合わせをもらえるようにしておくことで，様々なニーズに応えることにつながります。

Point　記事を読んだ人をお問い合わせページに誘導する。

序　章　開業するということ

第 1 章　知ってもらう

第 2 章　問い合わせをもらう

第 3 章　会ってもらう

第 4 章　買ってもらう

第 5 章　また買ってもらう

第 6 章　もっと知りたい！開業 Q&A

SNS からの問い合わせ

○ SNS で直接的な宣伝は NG

　SNS は，広告や Web マーケティングのツールに変化し，自分や他人の商品・サービスを宣伝広告し，売上につなげる場になっています。

　人が集まるところにビジネスは発生しますので，当然の流れですね。

　無料で簡単に使える SNS は，私たち個人事業主にとっても，欠かせない営業ツールであり，問い合わせをもらうツールです。近況報告の場だと思っている方は，ここで認識を変えてみてください。

　SNS が広告の場だとしたら，自分のサービスを宣伝すればいいのかと言えば，それも違います。「私は行政書士なので，建設業許可を取りたい人はご連絡ください。迅速に対応します！」と投稿しても，よほどのことがない限り，誰からも興味を持たれないからです。偶然，建設業許可を取らなければいけないと焦っている人の目に入れば，連絡をもらえる可能性もありますが，そんな都合のよいことはあまりありません。

○ 役立つ情報を発信する

　SNS を問い合わせ，仕事につなげるためには，宣伝するのではなく，誰かにとって役に立つ情報を投稿していくことです。その投稿に「いいね」が押され，リツイートされ，友だちやフォロワーに拡散されます。

　「役立つ情報を投稿する人だ」と感じてもらえば，次の発信も読めるよう，フォローしてくれます。フォロワーが増えれば，知らない人にも自分の投稿が届くようになり，必要な人から問い合わせが来るようになります。

たくさんの人に自分の投稿を見てもらいたい場合には，Facebook なら友だちを増やす，友だちからの「いいね」を増やす，フォロワーを増やす，Twitter ならフォロワーを増やす，ライクボタンやリツイートを増やすしかありません。

とはいえ，たくさんの人に友だち申請する人や，たくさんの「いいね」やライクボタン，リツイートする人たちは，友だちやフォロワーを増やすため，相互フォローを目的に活動している可能性が高いです。自分の投稿を見てほしい人に届けるためには，フォロワーが誰でもいいわけではないはずです。届けたい人に投稿が届くように，信用できる人たちとのつながりを意識することも重要です。特に Twitter は匿名が多いため，信用あるつながりを作るのが難しい場合もあります。

○ 発信のコツ

SNS での発信は，次の 3 つを意識して発信するといいでしょう。

●発信の 3 つのコツ

① 誰かにとって有益な情報を簡潔に発信する
② プロフィールや投稿にホームページの URL を載せる
③ 発信とプロフィールで自分が何者かわかるようにする

まず，「誰かにとって」を誰にするかで，ターゲットが決まります。例えば，障害福祉サービス施設の指定申請等につなげたい場合は，一番のターゲットは，障害福祉サービス施設をこれから始めたい人になるでしょう。

ただし，仕事が入る流れというのは，そんな単純なものではありません。

序 章　開業するということ
第 1 章　知ってもらう
第 2 章　問い合わせをもらう
第 3 章　会ってもらう
第 4 章　買ってもらう
第 5 章　また買ってもらう
第 6 章　もっと知りたい！開業 Q & A

例えば，同業者の行政書士から「障害福祉サービス施設の指定申請について相談を受けているのだけど，こちらでは分からないので，紹介してもいいですか？」というお問い合わせは，何度か受けたことがあります。社労士さんからお問い合わせが来たこともあります。仕事につなげたい場合，ターゲットは必ずしも，申請したい本人とは限りません。その周辺にいる人も，ターゲットになりえます。

　いずれにしても，自分が何をしている人なのかを日々わかりやすく伝えることが，問い合わせや仕事につながる第一歩です。

　この時，次のような発信では，あまり効果はありません。

「障害福祉サービス施設の指定申請なら行政書士にお任せください。初回相談無料です。お気軽にお問い合わせください。」

　売り込みや宣伝と思われたら，フォローされませんし，継続的に読んでもらうことは難しいはずです。例えば次のような書き方がおすすめです。

「建築基準法が改正され，障害福祉サービス施設の建物が見つけやすくなりました。今より広い施設にしたい事業者さんにも嬉しい改定ですね。
　今日は障害福祉サービス施設の建物要件についてまとめてみました。
　＜記事の URL ＞」

　SNS ではポイントのみを発信して，詳しいことはブログにまとめ，SNS に記事の URL を貼り，そちらを読んでもらう流れを作ります。長々と書いても誰も読みません。1つの投稿に1つのポイントだけ，を意識してください。

　記事の URL を SNS に貼ると，一部の人がブログ記事に移動してくれます。

　ブログには，他にも記事が書いてあるため，いくつか読んでもらえる可

能性もあります。また，ホームページの中にブログ記事を投稿すれば，記事を読みに行く場所からお問い合わせページに移動することも可能です。

○ SNSからのダイレクトメール

もちろん，最近はLINEやFacebookのメッセンジャー，TwitterやInstagramのDMなど，SNSの機能を利用してお客様から連絡が来る場合もあります。

やりとりについて，お客様がこれらの手段を要望されることもあります。気を付けたいのは，相手によっては，深夜でも連絡が来ることがありますし，既読になったかどうかがわかってしまうので，こちらが逆に拘束されてしまいがちなところです。こちらがプライベートな時間でも，既読になってからなかなか返信がないことでお客様のストレスの原因になることもあります。

デメリットも把握した上で使うか，初めからお客様とはSNSは使わないと決めてしまうことをおすすめします。

Point 自分のターゲットに必要なことは何なのかを常に考え，誰かがほしい情報を日々発信する。

序章 開業するということ

第1章 知ってもらう

第2章 問い合わせをもらう

第3章 会ってもらう

第4章 買ってもらう

第5章 また買ってもらう

第6章 開業Q&A もっと知りたい！

電話の注意点

○ 急ぎのときに便利なのが電話

　今すぐ問い合わせたい人が使うのが，電話です。

　また，ネットを使わない世代の人にとって，まだまだ電話は連絡手段の主役です。

　電話は場所や時間を問わずかかって来るので，私の場合，できるだけそれ以外の方法で連絡がもらえるよう意識していますが，それでも電話はしばらくは重要な連絡手段であり続けるでしょう。

　電話がかかって来たら，どこにいても必ず受けられるように，また，出られない場合は，メッセージを残してもらえるように，工夫することが大切です。

　特に高齢者の方は，１コールか２コールで出ないと切ってしまう方もいます。その上，こちらがかけた電話には出ないことも多いです。せっかくの問い合わせのチャンスを逃さないよう，注意が必要です。

　事務所の固定電話と持ち歩く携帯電話やスマホを使う場合，事務所を離れた時に携帯電話やスマホに転送されるよう設定しておきましょう。電話機によって設定方法は違うと思いますが，何コールで転送に切り替えるか，設定できると思いますので，切られないようなコール数を考えましょう。

　また，留守電の設定も大切です。携帯電話に転送し，そこで出られない場合に留守電になるような設定にすると，事務所に戻らなくて済みます。

　設定をする際には，一度自分で自分の事務所に電話をかけてチェックをしてみることです。私が開業当初に失敗したのは，応答メッセージが英語

になっていたことです。これでは，みんな切ってしまって当然です。

　電話の転送設定がどのようにされるのか，その後，留守電にどれくらいで切り替わるのか，どんなメッセージが聞こえるのか，留守電にメッセージを残すとどうなるのか，テストしてみましょう。

○　営業電話

　事務所の電話で迷惑なのは，不要な営業電話がかかってくることです。フリーダイヤルの場合は，ほぼ営業ですし，頻繁にかかってくる場合は拒否の登録をしておきましょう。知らずに出てしまい無駄な時間を過ごさずに済みます。なぜかタイミングが悪い時が多いので，イラっとするものです。

　電話は，相手の状況がどうであれ，いつでもどこでも連絡できてしまうので，こちらがかける場合もあらかじめ了解を得るなど，細かい配慮をするようにしましょう。

Point　電話をかけるときは細かい配慮が必要。

序　章　開業するということ

第1章　知ってもらう

第2章　問い合わせをもらう

第3章　会ってもらう

第4章　買ってもらう

第5章　また買ってもらう

第6章　もっと知りたい！開業Q&A

メールのメリット・デメリット

○ メール

　相手の時間や状況をあまり気にせずに連絡できるのがメールの良さです。Gmail では時間指定して送信できるので，深夜に書いたメールを翌朝送信することも簡単にできます。

　送信内容が記録として残りますし，一番効率的な連絡手段ではないでしょうか。

　メールアドレスは，名刺やパンフレットにも印刷するものですし，プライベートに使っていたものを使い回すのではなく，仕事用に取り直しましょう。

　これまで，たくさんのメールアドレスを見て来ましたが，時々，どうしてそのワードをわざわざ使うのか，理解できないものがあります。例えば，「kawaii ×××（自分名前）chan」「sexy ○○○（自分の名前）」や，無意味なアルファベットと記号を20字くらい並べたものなどです。仕事でやり取りをするメールアドレスは，シンプルで，事務所名や業務に関連したものがいいでしょう。

　できれば，Gmail や yahoo メールのようなフリーメールではなく，独自ドメインで取得したメールアドレスを使いましょう。例えば私の場合，「kamiyama-office.com」という独自ドメインを行政書士事務所用に取得し，「info@kamiyama-office.com」というメールアドレスを使用しています。サーバーや設定が必要になり，使用料もかかるため，少しだけハードルが上がりますが，開業するなら，必要な作業と経費だと思います。

あまり堅苦しく考えなくていいとは思いますが，メールを送信する際は，最低限のマナーとして，文章の終わりに自分の名前を入れましょう。名前のないメールは，意外と多いものです。

　また，多くのメールソフトは，自動的に署名が付く設定ができますので，署名欄に名前や事務所名，電話番号等を入れておくと，相手が連絡したいときに便利です。

　また，こちらが送信したメールの内容について，相手がすべて読んでくれていると考えない方がいいでしょう。

　一文一文は適度な長さに抑え，ポイントをわかりやすくして，1つのメールでは，1つのことを伝えるよう心がけます。その上で，どのタイミングで確認やリマインダを送るかを決めておきましょう。

○ 迷惑メール

　最近は，迷惑メールが増えたことへの対応として，各メールサービスでは，セキュリティの強化が行われています。その弊害として，こちらが送信したメールが，迷惑メールとして振り分けられてしまう場合があります。

　迷惑メールボックスに入るのを防ぐことは難しいですが，例えば返信をお願いしているのになかなか来ない場合などはそのことを念頭に置きましょう。

　一斉メールや，メール内にリンクが貼ってある場合に，迷惑メールボックスに振り分けられやすいようです。

序章　開業するということ

第1章　知ってもらう

第2章　問い合わせをもらう

第3章　会ってもらう

第4章　買ってもらう

第5章　また買ってもらう

第6章　もっと知りたい！開業Q&A

意外に必要なファックス

○ 役所はファックスがまだ主役

　ファックスは，実はまだまだ健在です。役所の連絡手段は，電話と
ファックスが主体なので，ファックスは準備しておいた方がいいでしょ
う。高齢者の方にも，メールは送れないけどファックスなら使えるという
方もいます。郵送より早いので，助かった場面も何度かありました。
ファックス送信はコンビニでもできますが，お金はもちろん，時間がかな
りかかりますので，１，２枚でない限りおすすめしません。

　開業すると，営業電話と一緒に，営業ファックスが入ります。ファック
スが入る度に紙とインクが減り，さらにゴミが増え，悩みの種でした。

　とは言え，公証役場とのやり取りがファックスしかなかったため，
ファックスをなくすわけにもいきません。

　悩みを解決してくれたのは，メールを使ってファックスデータをやり取
りできる，イーファックスというサービスです。電話番号をもらえるの
で，相手にはいつも通りファックス送信してもらうことができ，こちらは
それをメールでPDFファイルとして受け取れます。

　こちらがファックス送信する時は，メールにPDFファイルを添付し送
信し，相手にはファックスとして紙で届きます。

　イーファックスの良い点は，どこにいてもメールで送受信できるところ
です。事務所を出ている時間が多い時には，本当に助かります。

　月額料金がかかりますが，ストレスを考えたら支払う価値があると思い
ます。

Point　イーファックスは紙とインクが節約でき，どこに居ても送受信
できて便利。

紹介からの問い合わせ

○ 同業者からの問い合わせ

　行政書士が扱える仕事は，許認可だけでも15,000以上あります。

　その他，各種契約書や協議書等，補助金や借入れ時の書類作成，コンサル等を含めると，すべてを把握するのは難しいでしょう。

　そのため，多くの行政書士は，自分の専門分野をある程度絞り，その分野をきわめて行きます。中にはたった一つの専門をきわめ，大きく売上を伸ばしている人もいます。

　そんな中で，自分の専門とは異なる仕事の問い合わせや相談を受ける場合もあります。

　この時に取る行動は，次のどちらかになるでしょう。

① 専門ではないが，受ける
② その仕事を専門としている行政書士を紹介する

　つまり，②のように同業者を紹介することもありますし，同業者から紹介を受ける場合もあります。

　行政書士の場合，同業者はライバルではなく，協力者や仲間になることも多いので，同期との交流はもちろん，先輩行政書士とのつながりも大切にするといいでしょう。

　私自身も，入管等の外国人関連業務は，お客様に説明した上で，専門の行政書士を紹介していますし，逆に，障害福祉サービス施設の指定申請については，同業行政書士から料金等の問い合わせをもらったことが何度かあります。

　同業者から紹介を受ける場合は，お客様を紹介してもらい直接受任する

序章　開業するということ

第1章　知ってもらう

第2章　問い合わせをもらう

第3章　会ってもらう

第4章　買ってもらう

第5章　また買ってもらう

第6章　もっと知りたい！開業Q&A

か，業務の一部を請け負うなら，お客様からの委任状を確認することをおすすめします。行政書士法施行規則の第4条に，他人による業務取扱の禁止があります。依頼人，つまりお客様からの同意を得ているのかは，委任状等で確認しましょう。

●参考：行政書士法施行規則（他人による業務取扱の禁止）

第4条　行政書士は，その業務を他人に行わせてはならない。ただし，その使用人その他の従業者である行政書士（以下この条において「従業者である行政書士」という。）に行わせる場合又は依頼人の同意を得て，他の行政書士（従業者である行政書士を除く。）若しくは行政書士法人に行わせる場合は，この限りでない。

○ 税理士等他士業からの問い合わせ

　同業者からの紹介だけでなく，他士業からの紹介もあります。税理士が，会社設立手続きや飲食店営業許可をサポートできる行政書士を探している場合などに声がかかります。また，顧問先を持つ社労士から，建設業許可を取得したお客様を紹介していただいたこともあります。他士業と知り合う際は，この辺も頭に入れておくといいかもしれません。

　他士業から紹介を受ける場合も，同業者の時と同様，お客様から直接依頼を受けて進めるといいでしょう。業務提携を提案される場合もあると思いますが，その際は，契約内容や条件について詳細を確認することはもちろん，契約書を取り交わしましょう。

Point　紹介も大切。ただし，契約をしっかりと確認する。

第3章

会ってもらう
（フレームワーク３）

講座・セミナーを開催する

○ 講座・セミナーは個別相談より心理的ハードルが低い

　講座・セミナーは，こちらが用意する「会ってもらう」機会です。

　例えば，遺言書作成という業務を看板に書いて待っていても，よほど切羽詰まった方からしか連絡は来ませんし，切羽詰まった方には，争いが心配されるはずですから，行政書士ではなく，弁護士に相談するのが適切です。

　行政書士がお手伝いできる遺言書作成は，争いのない遺言書で，例えば，お子さんのいないご夫婦が，お互いに財産を残すことを遺言書に書き，亡くなった配偶者の兄弟姉妹と遺産分割協議書を作成しなくて済むようにする場合などです。

　この場合，実はご夫婦は，兄弟姉妹に相続の権利があることも知らないかもしれません。まさか自分たちに遺言書が必要なんて，思っていない場合が多いのです。

　講座・セミナーでは，知らないと損をする知識をお客様に提供し，それだったら作成をお願いしようと考えてもらうキッカケになります。

　相手が得をする情報を提供し，自分がサポートできることを知ってもらうことで，今すぐではなくても，必要な時に連絡をもらえる状態を作ることができます。

　また，遺言書作成が必要な人に問い合わせてもらうのは難しいですが，遺言書の知識を学んでもらう講座・セミナーに参加してもらうことは，かなりハードルが下がるはずです。

　学ぶことや勉強することは，子供の頃から良いこととされているので，参加者は抵抗なく，むしろ興味をもって参加してくれます。友だちや夫婦で連れ立って参加してくれる人もいます。

序 章 開幕するという こと

第1章 知ってもらう

第2章 問い合わせを もらう

第3章 会ってもらう

第4章 買ってもらう

第5章 また買ってもらう

第6章 もっと知りたい！ 開業Q&A

○ 無料講座か有料講座か

　私は定期的に新聞折り込みで広告をした上で，「知ってあんしん！遺言教室」という講座を開催しています。

　最初の半年くらいは，無料にしていましたが，申込みをせずに突然会場に現れたり，暇つぶしのような人がいたり，ということがあり1,000円の有料にしました。こうしたことで，その後の反応が，無料講座の場合とまったく違うとわかりました。参加者は減りますが，その後の仕事の受任率がぐっと高くなります。

　ただ，無料だと，自治体等の会場が使いやすいなどのケースもあります。

　とはいえ，逆に「単なる暇つぶしだからアンケートに連絡先なんて書きたくない」という人もいるので，無料で行う場合は，「これは来て良かった！必要があればまた連絡したい」と思ってもらえるように，有料級のものを提供し，連絡先をもらう必要があります。

　通常は何か貰ったらお返しをしなくては，と思うのが人間ですが，そうではない「テイカー」もいますので，そこは警戒が必要です。

○ 物理的に行きやすい場所を選ぶ

　遺言講座などの場合は，参加者の大半が70代以上の高齢者になります。杖を突いた方もいますし，途中水分補給やトイレに行く必要のある方もいます。そのような方々が，気軽に足を運べて，安心して講座を受けてもらえる会場を選ぶことで，多少コストがかかっても，お客様の満足度を優先しています。

　許認可や補助金などの講座を開催する場合は，個人事業主や企業の方が対象になると思いますので，会場の選び方も変わって来るでしょう。

○ 講座では営業をしない

　開業して数ヶ月の行政書士さんから，「遺言講座を開催したけれど，依頼が来ない」と相談されることがあります。

　聞くと，まだ1，2回しか開催していないと言います。

　講座・セミナーは，「会ってもらう」ための場なので，すぐに依頼につながらなくて当然です。

　講座・セミナーは，「会ってもらい」情報を提供する場です。自分の顔と名前と事務所の連絡先を知ってもらう場であり，依頼をもらう場ではありません。

　講座では参加者がほしい遺言の情報だけ提供し，自分のことは，実績と事務所の連絡先だけにしましょう。

　講座・セミナーで売らないことは，実はとても重要です。

　人は，追えば逃げます。売り込めば買いたくなくなります。

　これは行政書士に限らず，飲食店だって，美容系のお店だって同じです。洋服を買いに行って，店員に声をかけられ，慌てて店を出たことがある人は，少なくないはずです。

　買おうと決めて入ったお店でも，売る気満々に声をかけられると，やっぱりもう少し考えようと思ってしまうのが人間です。

　とは言え，まったく無視されるのも，買いにくいものです。このわがままにちょうどよく対応できることが，仕事を手にするコツになりますが，まずは売り込まないことから実践してみましょう。

Point　講座はあえて有料にしてハードルを上げる。ただし，営業はかけない。

序　章　開業するということ

第1章　知ってもらう

第2章　問い合わせをもらう

第3章　会ってもらう

第4章　買ってもらう

第5章　また買ってもらう

第6章　もっと知りたい！開業Q&A

講座・セミナーは「展示会」と考える

○　自分を見てもらう

　前述のとおり，講座・セミナーで営業をかけては，逃げられてしまいます。いわゆる「展示会」のようなもの，と考えます。

　講座・セミナーは，自分自身を見てもらい，実績や活動内容を伝える会です。信用される見た目や話し方を工夫することも大切です。

　スーツだと仕事ができるように見られる分，相手に緊張感を与えるかもしれませんし，慣れない話し方だと，聞いている方は不安になるかもしれません。話し方については，参加者が目の前に座っていることをイメージして練習しましょう。動画で撮影してみたり，音声を録音してみたりして客観的に聴いてチェックしましょう。

　iPhone のプレゼンが今でも人々の記憶から消えないスティーブ・ジョブズが，何週間も前から準備し，相当な期間練習していたことは有名な話です。何度も練習を積み，場数を踏むことで，少しずつ参加者に伝わる話し方や，話の構成が作れるようになるものです。

○　お客様を知る

　講座・セミナーは，お客さまの「勉強の場」ですが，こちらにとってもお客様を知るまたとない機会です。

　正直なところ，無料で情報をもらおうとする人，クレームばかりの人，ただただ身の上話を聞いてほしいだけの人，こちらの時間を奪うだけの人もいます。行政書士法では，依頼に応ずる職務として，次のように記されています。いったん引き受けてしまうと最後まで遂行しなければなりません。

第11条　行政書士は，正当な事由がある場合でなければ，依頼を拒むことができない。

　講座・セミナーでは，参加者もこちらを見て判断をするように，こちらも参加者を判断できます。相性を知る機会にもなるのです。

　私が開催している「知ってあんしん！遺言教室」では，私が遺言作成サポートとしてできること，できないことをお伝えしています。質問もその場で受けていて，できないことはその場でできないとお伝えします。
　「認知症の母の遺言書を作成してほしい」「自分だけに有利な遺言書を作り，他の人には内緒で相続手続きをしてほしい」など，法に触れることを承知でお願いしたいと言って来る人もいます。できないことを伝えるのは，とても重要です。

　また，今後参加者から連絡が来た場合に，その人がどんな人だったのか，思い出せるようにしておくといいでしょう。
　私は，参加者に提出してもらうアンケートや，出欠をチェックする表に，その人の特徴を簡単にメモしています。講座後に連絡先をエクセルにまとめ，メモも転記します。

Point　講座・セミナーで「売ろう」と焦らない。

アンケートに連絡先を書いてもらうには

○ アンケートに連絡先を書いてもらう工夫

講座に参加いただいた方には，講座のテキストと一緒にアンケート用紙を渡しています。

このアンケートには，講座の感想も書いてもらいますが，その部分は，簡単な質問に対し○を付けるだけにしています。

声は聞こえやすかったですか，資料は見やすいですかという，簡単なものに留めることで，あまり時間を取らせないようにします。

ただし，質問や自分自身の状況を伝えたい人もいますので，自由に書き込める大きめの空欄は設けておきます。その部分に後で答えることで，個別の相談につながることもあります。

アンケートで一番重要なことは，住所と氏名を記入してもらい，連絡先を手に入れることです。注意してほしいのは，理由がなければ簡単には連絡先を書いてくれないということです。住所と名前の欄を作っただけでは，記入してもらえません。

そこで必要になるのが，会報の発行です。

「私どもの事務所では，2，3ヶ月に一度会報を発行しています。今，相続法が大きく変わり，遺言書の保管制度も新しく始まっています。その辺りを中心にお手紙でお伝えしていますので，よろしければ，お手元のアンケート用紙に住所とお名前をご記入いただき，お帰りの際に提出ください」

こう伝えると，多くの方がその場でアンケートに住所と名前を書き出します。

序　章　開業するということ

第1章　知ってもらう

第2章　問い合わせをもらう

第3章　会ってもらう

第4章　買ってもらう

第5章　また買ってもらう

第6章　もっと知りたい！開業Q&A

１人が書き始めると，周りの参加者が皆さん書き出すので，講座を始める前に伝えることで，講座終了時には，全員が記入して提出してくれます。

○ 遺言講座参加者には，45分間の無料相談を付ける

　行政書士事務所では，初回相談は無料というところが多いですが，「この講座に参加いただいた方には，45分間の無料相談を付けます」とすると，参加者にとっては，特別なサービスになります。

　それだったら一度相談に行ってみようかなと考える人は，実際に講座を開催するたびにいましたし，相談から依頼につながる確率は高いです。

　遺言講座に参加してくれる人たちは，少なからず遺言書に興味があり，相続対策に不安や想いがある方です。

　個別相談は心理的にハードルが一段高いので，そこを乗り越えられるよう，背中を押す必要があるのです。

○ 2，3ヶ月に一度会報を郵送する

　講座・セミナーで参加者の連絡先をもらったら会報を郵送して定期的に連絡を取ります。「○○事務所通信」のような形で，相手がほしい情報を掲載して，定期的に発行します。

　私は，「マイライフノート倶楽部」というタイトルで，Ａ４の用紙３枚程度の簡単な会報を作成して２，３ヶ月に一度郵送しています。

　遺言講座に参加した人なので，相続法の改正などに興味があるはずです。

　例えば，2020年７月から，法務局で自筆証書遺言の保管サービスが始まりましたが，まだまだ知らない人もたくさんいます。

法務省からは様々な資料やパンフレットが発行されていて，ネットから簡単にダウンロードできますが，高齢者の方にとっては，インターネットを利用すること自体が簡単とは言えないはずです。

そのため，法務省から出ている情報のポイントをまとめて郵送するだけでも，喜んでいただいています。

定期的に連絡を入れる場合，大切なのは，無料で有益な情報を提供することです。

講座・セミナー同様，売り込みの手段とするのではなく，主体は情報提供であり，事務所の情報は，連絡先や次回の講座案内程度に留めましょう。

Point 会報を理由に連絡先を教えてもらう。会報には役に立つ情報を入れる。

序　章　開業するということ

第1章　知ってもらう

第2章　問い合わせをもらう

第3章　会ってもらう

第4章　買ってもらう

第5章　また買ってもらう

第6章　もっと知りたい！開業Q＆A

講座・セミナーでの注意点

○　会場の設備

　プロジェクターでパワポなどの資料を映しながら講座をする場合は，必要設備があるか，その種類などを会場に確認します。

　紙の資料を配布する場合は，万が一の場合を考え，コピー機のある会場を選ぶか，近くにコンビニ等があるかをチェックしましょう。

　車で来る方が予想される場合には，駐車場の案内も必要になるでしょう。

　また，会場により，有人の受付があるところ，誰もいない中で会場のドアを開けるところから始まるところなど，色々あります。無人の会場で，使用するはずの部屋の鍵が開かなかったトラブルは，聞いたことがありますが，これは肝を冷やすことになります。

　私も，無人の会場でWi-Fiの状況が悪く，会場運営側に電話をしても改善に時間がかかったことがありました。また，借りた部屋で別の人が打ち合わせをしていたこともあります。なので，多少金額が上がっても有人の会場を借りるようにしています。

　会場の不満はそのまま講座への不満につながります。せっかく良い内容の講座でも，部屋が寒かった，暑かった，トイレが見つからなかったという理由で，イメージが悪くなることもあるはずです。

　会場によっては，トイレや自販機の場所がわかりにくい所もありますので，その場合は，避難経路と一緒に最初に案内するといいでしょう。

　足の悪い方も参加しますので，バリアフリーを考慮した比較的新しい建物を選ぶこともおすすめです。

○ 気を付けたい業際の話

相談会を開催する時の注意事項を一つ挙げておくと，例えば「相続相談」や「離婚相談」のように，争いごとが含まれると予想されるものについては，表現方法に気をつけましょう。

相続の場合，争いだけでなく，相続税のように税金の相談が予想されます。

士業は，業際と言って，他士業の独占業務に抵触することに対し細心の注意を払う必要があります。

こちらにそのつもりがなくても，お客様が誤解するような内容で告知してしまうと，他士業から業際だと注意が入ることもあります。

例に挙げた「相続相談」なら「相続手続き相談」とし，「争いごとが伴うもの，相続税については，お答えできませんのでご注意ください」などの注意書きを入れると誤解を避ける対策になるでしょう。

また，これは実際にあった例ですが，他士業や同業者の方が，一般人を装って参加してくることもあります。自分の勉強のため，営業の場合が大半ですが，内容によっては業際問題を言及されることも考えられます。

なお，弁護士や税理士と合同で相談会を開くなら問題ありません。

業際問題については，他士業とつながりをもちながら，協力的に業務を進めて行ける状況を作ることが，一番の解決法と言えるかもしれません。

○ 飛び入り参加

講座や相談会を開催すると，当日に参加申込みが入ることがあります。電話やメールが来ればまだしも，会場に直接来る人もいます。この時に大切なのは，参加できるのか，できないのかを即答することです。

当日参加を認めるのであれば，その分，資料やお金のやりとりなど，こちらがやることも増えてしまいます。あらかじめルールを決めておくとよ

序章 開業するということ
第1章 知ってもらう
第2章 問い合わせをもらう
第3章 会ってもらう
第4章 買ってもらう
第5章 また買ってもらう
第6章 もっと知りたい！開業Q&A

いでしょう。

　会場の選定から，その予約，支払い，申込みの受付，参加者への連絡，参加費の管理，資料の作成，当日の受付など，一人だと，やるべきことがたくさんあります。

　やるべきことが膨大なので，セミナーや講座では，受付だけでも手伝ってもらえる人がいると，かなり心強いと思います。ただし，運営側が複数になると，どうしてもトラブルが発生しやすくなるため，ルールを決めて情報共有しておきましょう。

◯　ネットワークビジネスなどの勧誘者が紛れ込む

　ちなみに，ごくまれに，ネットワークビジネスなどの営業のために来る人もいます。自分の営業のために講座・セミナーに参加する人は一定数いるものとして，頭の片隅に置いておきましょう。

Point　ルールを開催前に決めておく。業際には細心の注意を払う。

失敗しない打ち合わせ場所

○ いくつか用意しておこう

　ホームページやブログ，講座や相談会のチラシ，看板等を見て，直接問い合わせの電話やメールが入ることもあります。電話やメールで「無料で教えてほしい」という困ったものもありますが，中には，ちゃんと仕事として依頼するかどうかも含め話を聞きたいというものもあります。

　この時に必要なのが，打ち合わせ場所です。

　自分の事務所で問題なく打ち合わせができる場合は，日時を決めて，事務所の場所を伝えれば大丈夫ですが，それが難しい場合，打ち合わせ場所の候補をいくつか確保しておく必要があるでしょう。

　例えば，自宅事務所であれば，自宅に人を上げて打ち合わせをするのは，ちょっと気が進まない場合もありますし，他人も人の家にあがりこむのには抵抗があります。異性であれば尚更です。

　レンタルオフィスや会議室など，その都度借りられる場所を見つけておくと，問い合わせに慌てずに対応できるでしょう。

○ レンタルオフィス・会議室

　自宅事務所ではなく事務所を借りている場合でも，机が置けるくらいで，人と打ち合わせができる状態ではないことも少なくないでしょう。また，駅からのアクセスが悪かったり，迷いやすかったり，お客さまに来てもらうのが申し訳ない場合があります。

　レンタルオフィス・会議室の場合，大抵は便利な場所にあります。ネットで簡単に必要な都度予約できるものもありますので，打ち合わせに使え

序章　開業するということ

第1章　知ってもらう

第2章　問い合わせをもらう

第3章　会ってもらう

第4章　買ってもらう

第5章　また買ってもらう

第6章　もっと知りたい！　開業Q&A

る場所の候補をいくつか確保しておきましょう。

　ロビーなどの待ち合いスペースがあったりするとお客さまにも便利です。Wi-Fi，受付，トイレ，喫煙室，貸出備品，ウォーターサーバー，飲み物の自販機なども確認しておきましょう。

○　カフェは人が少ないところを選ぶ

　カフェで打ち合わせをしている人も見かけますが，行政書士の仕事の場合，周りに聞こえてほしくない内容も多いので，あまり人が多い場所はおすすめしません。

　お客様目線で考えてみるといいでしょう。

　例えば，コーヒー１杯1,500〜2,000円くらいするホテルのラウンジなど，高級感があり，席も離れている場所であればいいかもしれません。

　私は時々，一等地のホテルの高層階にあるラウンジやレストランで仕事の打ち合わせをしますが，景色も良く，打ち合わせ相手にも満足してもらえます。

　ラウンジでもカフェでもそうですが，事前に雰囲気をリサーチすることが大切ですし，予約できない場合は，混み合う時間帯もチェックしておくといいでしょう。

　ここなら気持ちよく話ができると感じる場所を見つけましょう。

○　自宅に伺う場合は

　相続手続きや遺言書作成の場合，ご高齢者との打ち合わせであれば，自宅へ訪問する場合もあります。場所の心配をする必要はなくなりますが，戸建てやマンションなど，土地勘がないとわかりづらいことがあります。遅刻して印象を悪くしないよう，前もって交通手段などをよく調べて行きましょう。

実際に何度か経験しましたが，ナビが無いタクシーに乗ってしまい，結局スマホを使って道案内をしたことがあります。

○ オンライン

新型コロナウイルス感染症により，直接会わずにオンラインで相談や打ち合わせをする機会が増えています。電話会議やビデオ会議のシステムとして，コロナ期間に一気に有名になったのが，zoom です。30代から50代の方の相談の場合，zoom の方が都合が良いということもあります。

Point 会う場所も印象につながる。

序 章 開業するということ

第 1 章 知ってもらう

第 2 章 問い合わせをもらう

第 3 章 会ってもらう

第 4 章 買ってもらう

第 5 章 また買ってもらう

第 6 章 もっと知りたい！ 開業 Q & A

第 4 章

買ってもらう
（フレームワーク 4 ）

自然な流れで買ってもらう

　「会ってもらう」後は，ようやく次の「買ってもらう」段階です。せっかくここまで来たら，受任したいところです。

　お客さまから「お願いします」と言われるにはどうすればよいでしょうか。

○　ここでも「売り込まない」

　何としても受任したい気持ちはわかりますが，ここで焦りは禁物です。

　特にお客様が個人の場合は，どうしても今依頼してもらおうと勝手に話をすすめてはいけません。相手に考える隙を与えなければ，何となくその場の雰囲気で依頼につなげることはできます。

　しかし，後から「やっぱりやめる」とキャンセルされたり，後々トラブルにつながったりしがちです。

　大事なのは，お客様に「依頼したい」という気持ちになってもらうことです。

　自然な流れで依頼してもらうためには，「準備」を周到にします。

　会ってから「買ってもらう」，依頼してもらうためには，次の2つの進め方があります。
①　会ってすぐに買ってもらう
②　検討後に買ってもらう

　1つ目の進め方，「会ってすぐに買ってもらう」ことができるのは，相手の目的がある程度はっきりしていて，手続きや料金の詳細を聞きたい場

合です。中には，急ぎの許認可や相続手続きなど，今すぐ依頼したい人も
いるはずです。

○ すぐに受任できそうな場合

会ってすぐに買ってもらうためには，そのための準備が必要です。最低
限，次の書類をあらかじめ作成しておくといいでしょう。

●書類の準備

- 見積書
- 業務委任契約書
- 委任状
- 必要書類一覧
- 手続きの流れをまとめたもの
- 切手を貼った返信用封筒またはレターパックライト

○ 見積もりはしっかりと

依頼を決める場合，料金は重要な判断基準となります。また，トラブル
にもつながりやすいため，仕事にかかる料金は，最初に具体的に伝えてお
きましょう。

詳細がわかるよう，見積書を作成しておくことがおすすめです。

例えば，公正証書遺言作成10万＋実費＋消費税と表示している場合，お
客様のイメージとしては10万を少し超える金額になると思います。

実際は，謄本等の必要書類を取得するための費用や証人手配の料金など
が入り，消費税を入れると，15万に近い金額になることもありますし，さ
らに公証人の手数料が追加されます。

すべてを合計するといくら位になるのかを数字で最初に知らせること

序章 開業するという こと

第1章 知ってもらう

第2章 問い合わせを もらう

第3章 会ってもらう

第4章 買ってもらう

第5章 また買ってもらう

第6章 もっと知りたい！ 開業Q&A

で，後々トラブルになることを防げるはずです。

　ここを曖昧にして進めてしまう人が意外と多く，完了しても料金がもらえない，途中で音信普通になってしまったなどの声も聞きます。

　プロとして，仕事として取り組むからには，料金をもらうまでが仕事です。

　「買ってもらう」準備の一つとして，見積書の発行は必ずしましょう。

○　業務委任契約書

　仕事を依頼される際には，業務委任契約書を交わしましょう。こちらを受け取った時点で，仕事開始となります。

　着手金をいただく場合は，その入金を確認してから仕事を開始しましょう。

　委任状は，書類取得などに必要な場合にもらいます。この時，白紙は避け，何を委任するものなのか具体的に記入したものに署名押印をもらいましょう。

　業務により，お客様に準備してもらう書類や手続きの流れは違いますので，こちらも「買ってもらう」ことになったらすぐに渡せるよう，あらかじめ作成しておきます。

　お客様は，手続き自体よくわかっていません。

　書類と口頭で説明することが必要ですし，相手によっては，何度も説明が必要になります。

　わからないのが当たり前と考え，繰り返し丁寧に説明しましょう。

　こちらが説明しても，書類で渡しても，「知らない，聞いていない」と言う人も中にはいるものです。少なくともお客様が署名押印したものがこちらに残っていれば，説明した証拠にはなるはずです。

○ 返信用封筒・レターパックライト

相談後にすぐに依頼となった場合も，郵送してもらう書類はあると思います。

郵送時のひと手間を減らすために，切手を貼った返信用封筒かレターパックライトに宛先等を記入して渡しましょう。

私はレターパックライトに必要事項をすべて記入して渡すようにしています。できるだけ相手の負担を減らすようにするといいでしょう。

○ 準備2　検討してもらう場合

講座・セミナーから「会ってもらう」ときなどは，相手も緊急必要性がありませんから，強く買ってもらおうとすると，逃げられてしまいます。その場合は，検討後に買ってもらうようにします。

こちらに見抜く力も必要ですが，「講座に来たのは，知識として聞きたいだけです」と言っていた人が，「やっぱり遺言書を作成したい」と依頼してくるケースもあります。個別に会って丁寧に話を聞くことが大事です。

話をする中で，相手の本気度や，こちらが仕事を受けたい人なのかどうかを判断し，お客様にしたい人だと感じたら，次の2つのことをしましょう。

• 見積書と手続きの流れを渡す
• 連絡を入れるタイミングを決めておく

○ 見積書と手続きの流れを渡す

相談後に検討する場合，料金は重要な検討材料です。

序　章　開業するということ

第 1 章　知ってもらう

第 2 章　問い合わせをもらう

第 3 章　会ってもらう

第 4 章　買ってもらう

第 5 章　また買ってもらう

第 6 章　もっと知りたい！　開業Q&A

概算を口頭で伝えるよりも，具体的な数字が見える見積書が手元にある
方が検討しやすいはずです。

　また，手続きの流れをまとめたものがあれば，さらに依頼後のイメージ
を想像しやすくなるでしょう。

　わかりやすい形で渡しておくことで，相手からの問い合わせを減らすこ
ともできますので，仕事を進める上でも効率的です。

　こちらの仕事をスムーズに進めるためにも，あらかじめ説明することや
渡す資料をしっかりと準備しておきましょう。

○ 連絡を入れるタイミングを決めておく

　検討しますと言いながら，相手からまったく連絡が来ない場合もありま
す。これは，個人だけでなく，法人でもよくあることです。

　この場合，こちらから連絡を入れる必要がありますが，相談が入った時
点で，連絡を入れるタイミングを決めてしまいましょう。例えば，「検討
後に買ってもらう」パターンの場合や，相手から連絡が無い場合は，相談
の1週間後にこちらから連絡を入れると決めてしまいましょう。

　いくら連絡を入れても連絡がつかない場合，相手から折り返しがない場
合は，今回は縁がなかったものと諦めることも必要です。

Point　　受任の際は，料金をあらかじめ明確に伝え契約書を交わす。

料金・報酬の決め方

○ 自由に決められる料金・報酬

士業の料金・報酬が自由になったのは，2000年に入ってすぐのことです。それまでは，報酬基準が定められていましたが，これが独占禁止法上問題になるとされ，自由化されました。

※参考：公正取引委員会　資格者団体の活動に関する独占禁止法上の考え方
https://www.jftc.go.jp/dk/guideline/unyoukijun/shikakusha.html

この時に，報酬の価格だけでなく，広告も自由化されました。2000年までは，士業がホームページを持つことすら邪道とされていたようです。良い時代に開業できたと思います。

開業するにあたって，料金を決めて事務所の見やすい場所などに掲示する必要があります。依頼を受けて取り組んで行くうちに，この料金ではとてもやって行けないと感じたら上げればいいですし，逆に下げることもできますので，とりあえず決める必要があります。

報酬を決める時に参考になるのは，日本行政書士会連合会から出ている「報酬の統計」資料です。

https://www.gyosei.or.jp/about/disclosure/reward.html

同会では，5年に1度，報酬額の統計調査を行っていて，最新の資料はホームページに掲載されています。同じ業務でも，価格の幅がとても広いことに気づきます。

そこで，同業者のホームページに掲載されている料金表をチェックします。今は「行政書士　料金」で検索すると，沢山ヒットしますので，価格決定の参考になります。

序　章　開業するということ
第1章　知ってもらう
第2章　問い合わせをもらう
第3章　会ってもらう
第4章　買ってもらう
第5章　また買ってもらう
第6章　もっと知りたい！開業Q&A

注意したいのは，地域によって違いがあることと，最低価格を掲載し，料金を追加していくタイプも少なくないことです。

　中には問い合わせをもらうために低い料金を提示し，細かく上乗せする事務所もあると思います。注意書きに「他に実費が必要です」などの書き方をしている事務所もあります。

　地域の相場や同期や先輩の行政書士に報酬をどれくらいにしているのかリサーチしてみるのもよいでしょう。

○　安売りはしない

　人は，安いからという理由だけでサービスを選ぶわけではありません。また，安いだけで選ぶ人は，クレームにつながる可能性も高いです。ひとり事務所で丁寧な仕事を売りにする場合は，その付加価値を高く買ってもらうといいでしょう。

　良いものを適正価格で買いたい，高くてもいいから良いサービスを利用したいと考えている人も少なくありません。誰でもいいからこの書類を作成してほしい，という気持ちで依頼するのではなく，自分の気持ちや想いを知った上で，それに応え，必要な情報を提供してくれて，きめ細かくサポートしてほしいと考える人もいるのです。

　単なる書類作成代行ではないものを求める人にお客様になっていただき，その気持ちに応えたサービスを提供できればよいのです。

　経験や実績を積みながら，自分の仕事の価値を価格に変換して行きましょう。

序章 開業するということ

第1章 知ってもらう

第2章 問い合わせをもらう

第3章 会ってもらう

第4章 買ってもらう

第5章 また買ってもらう

第6章 もっと知りたい！開業Q&A

○ フロントエンドとバックエンド

売れる事業を作り，売上を作ることは，経営者として事務所を続けて行くために，とても大切なことです。

ここで，フロントエンドとバックエンドの考え方を取り入れましょう。

例えば，化粧品などでよく見かける，無料お試しセットを配布（フロントエンド）し，良ければ商品を購入してもらう（バックエンド）ようなことです。

行政書士業務で考えると，無料相談や講座に参加してもらうのがフロントエンドで，その後，仕事を依頼してもらうのがバックエンドになります。

●フロントエンドとバックエンド

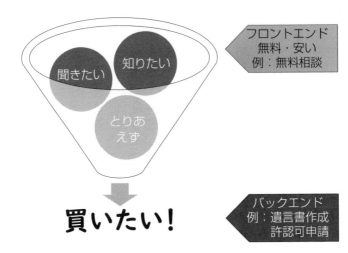

まずは少しでも興味のある人に，遺言書に関する講座に参加してもらい，無料相談に来てもらい，その後に遺言書作成を依頼してもらいます。

無料や資料代程度の講座や相談会を手前に置くことで，ハードルを下げることが可能になるのです。

行政書士業務の価格は，一般の人にとって安いものではなく，依頼事項についても，気軽に決められるものは少ないはずです。そのうえ，基本的には当事者本人が自分で書類作成することさえ可能なのです。

　わざわざ行政書士に依頼するのですから，お客様にとってもそれなりの理由が必要です。

　重い腰を上げてもらうためには，こちらがハードルを下げることも必要です。

　業務自体の価格を下げるのではなく，業務の前にフロントエンドとして手に取りやすい，参加しやすいものを用意し，こちらを「知ってもらう」チャンスを手に入れましょう。

　フロントエンドでは売り込まず，重い腰を上げてもらうことを目的とします。

　その後，バックエンドの業務の依頼につながるよう，役立つ情報提供などを続けて行き，業務の必要性や，自分でやるより依頼した方がよいと思ってもらいましょう。

○　サブスクリプションの考え方を取り入れる

　行政書士の業務は，業務完了とともに終了する単発型が多いのが特徴です。

　「許認可を取ったら終わり」「遺言書作成や相続手続きが完了したら終わり」という形で連続性のないことからスポットと呼ばれます。

　顧問契約のように継続的に入って来る収入（継続型収入）があると，売上の安定はもちろん，精神的な安定にもつながります。

　サブスクリプションをヒントに，サービスを提供できるように考えていくとよいでしょう。

　サブスクリプションとは，Netflix やアドビの Photoshop，スポーツジ

ムやオンラインサロンのような月額制や定期購読のことを言います。

行政書士と結びつかないと思う人もいるかもしれませんが，ビジネスシーンで流行しているものを行政書士業務にも取り入れて行くことは，周りとの差別化にも必要ですし，生き残りには欠かせないはずです。

例えば，スポットで5万円の仕事を受ける際に，月5千円で年間契約をすすめてみると，お客様としても支払いがしやすい場合もあります。

年間6万円となり，全体の金額も増えますし，契約更新してさらに金額が増える可能性もあります。

さらに，サービスを追加して，月額を上げることもできます。

もちろん，毎月のサービスに不満を持たれたり，お客様の状況により，1年間継続して料金をもらえない可能性もありますから，サービスの内容や性質，お客様の状況により，どのような料金体系にするか判断してください。

継続型収入が積み上がり，毎月固定で入って来ると，売上が安定します。

例えば，年間売上500万を目指すとすると，月に41万7千円売上を作る必要がありますが，この内20万円が毎月入る継続型収入ならば，残りの21万7千円を毎月単発で売り上げればいい状態になります。

41万7千円と21万7千円だと，営業や実務にかける時間も変わってきますし，精神的なプレッシャーも違って来るはずです。

余裕ができた分，次の事業を考える時間も取れますし，マーケティングなどの勉強をすることもできるでしょう。

特にひとり事務所でやって行く場合，営業や実務にかける時間には限界がありますので，事業を続けるためにも継続型収入をつくることがおすすめです。

序　章　開業するということ

第1章　知ってもらう

第2章　問い合わせをもらう

第3章　会ってもらう

第4章　買ってもらう

第5章　また買ってもらう

第6章　もっと知りたい！開業Q&A

○ 値引き交渉への対応

　開業すると，知り合いや同業者，他士業の人から，仕事の話を持ち掛けられ，その際に「安くしてほしい」とお願いされることがあります。

　開業当初であれば，低く見られて値引きの交渉をされることも多いです。その場合，正規の価格を下げるのではなく，限定した特別な値引きとしましょう。

　例えば，紹介時の初回のみ30%値引きするなど，ルールを決めてするとよいでしょう。こちらもプロとしてやっていることを示すことが大切です。

　しつこく値引きを要求するような人は，クレーム等トラブルにつながる可能性が高いかもしれません。掲示された料金で依頼することができない人であれば，こちらも受任できないとお断りしていいと思います。

Point　値引きはルールを決めて対応する。

「買う」意思決定をさせるコツ

○ クロージングより継続が大事

　お客様と契約を結ぶことをクロージングと言いますが，この「買います！」と決めてもらうためのテクニックなどを勉強している人も多いようです。

　残念ながら，売上を上げるための特別なテクニックや方法はありません。「クロージングがうまく出来ない」という開業行政書士の相談を聞きますが，よく聞くと，数ヶ月しか続けていない場合がほとんどです。

　正直な話，私も何かあるはずと方法を探したこともあります。

　行政書士に限らず，売れている人が何をして来たのかを知るため，書籍を読み漁り，多くのセミナーに参加しました。

　そして最終的にたどり着いたのが，ホームページやブログ，SNSで発信して自分を知ってもらい，信頼を集め，講座や勉強会に参加してもらい，会ってもらったところでさらに信頼を深め，会報の発行等で継続的につながり，最終的に依頼してもらうという流れです。

　この流れを作るために，どの世界の売れている人たちも，毎日コツコツ継続的に努力をしているのです。

　正しい方向で圧倒的な量を継続的に努力している人が，結局一番強いと気づいてからは，ゴールを決め，正しいやり方でコツコツ地道に続けて行くことに，まったく迷いがなくなりました。そしてそれが結果につながっています。

○ 「共感」が買う契機となる

　「買ってもらう」決め手となるのは「共感」です。

序　章　開業するということ

第1章　知ってもらう

第2章　問い合わせをもらう

第3章　会ってもらう

第4章　買ってもらう

第5章　また買ってもらう

第6章　もっと知りたい！開業Q＆A

お客様の状況と気持ちを理解し，必要な情報を提供することが大事です。

悩んでいませんか？困っていませんか？それならこんな方法がありますよ，という情報提供から始めることが，信頼関係を築く第一歩になります。

売り込むのではなく，情報を提供することです。

いったん自分が苦しいことは忘れ，自分が助けられる人が誰なのか，その人が何を困っていて，どうしたら解決してあげられるのか，具体的に考えてみましょう。

まずは，お客様が頭の中で考えていることを「言語化する」，言葉にすることです。

お客様は，今自分がどのような原因で，何に困っているのか，混乱していることが多いです。それを「○○でお困りなんですよね」と整理してさしあげるだけで，スッキリされる方もいます。

そして，仕事を依頼することでお客様がその悩みから解放されることを説明します。自分がお客様に，どんなベネフィットを提供できるのかをわかりやすく伝えれば，納得して依頼してもらえます。

ベネフィットとは，単なる利益ではなく，お客様の未来に輝きを持たせる価値のことです。

遺言のことで悩んでいるときに，「行政書士に依頼すると，必要書類を収集し，法律的に有効な案文を作成します」と説明されても，よくわかりません。

そもそも，遺言書を作るメリットがわからないため，今すぐに亡くなるわけではないだろうし，後でもいいか，と思ってしまいます。

依頼につなげるためには，やはりベネフィットを伝える必要があります。遺言書を作成する人は，遺言書そのものがほしいのではなく，遺言書を作成したことにより手に入る安心感がほしいのです。

「まずはじっくりとお客様の心配事をヒアリングし，お客様の願いを実現するためにどんな遺言書を作成すればいいのか提案します」とアピールしましょう。

　お客様の中には「遺言書作成で気持ちが整理されて心が軽くなった」という方が少なくありません。実際，遺言書は権利関係を示すだけでなく，付言事項で家族への感謝を伝えることもできますので，そういった面でも丁寧なコンサルティングの結果，お客様が安心感を手に入れることができるでしょう。

　行政書士が提供できるベネフィットは多いのです。

Point　お客様の気持ちを理解し「共感」することが信頼の鍵となる。

序　章　開業するということ

第１章　知ってもらう

第２章　問い合わせをもらう

第３章　会ってもらう

第４章　買ってもらう

第５章　また買ってもらう

第６章　もっと知りたい！開業Q＆A

第5章

また買ってもらう
（フレームワーク5）

アフターフォローとしてのご提案をする

○ 「買ってもらう」はゴールではない

フレームワーク４では，長い道のりを経て，業務の受任を果たすことができました。本当に嬉しい瞬間です。さて，ここで安心してはいけません。

「買ってもらう」はゴールではなく，最後のステップは「また買ってもらう」ことだと忘れないでください。

フレームワーク１から４までたどり着くことを考えると，「買ってもらう」と同時に，または少し時間をおいて「また買ってもらう」ことが，どれだけ依頼への近道かわかってもらえると思います。

お客様から依頼されたら，すぐにもう１つ依頼してもらうための行動をすることが大切です。

○ 依頼が決まった直後にもう１つ提案する

お客様に依頼されるまで，私たちは自分や自分の仕事，行政書士が何者なのか知ってもらい，信頼を積み重ねて来ました。

行政書士の仕事は決して安いものではありませんし，人生を左右するような手続きの場合もあります。

依頼するまでに迷い，悩むのは当然のことです。

逆に考えると，依頼してもらえたということは，信用してもらえたわけです。

この状態で，もう１つ提案すると，それまでとは違い，信頼を手に入れた状態で話を聞いてもらうことができます。

もちろん，これまで同様，売り込みはいけません。

お客様に本当に必要な手続きやサービスをお客様のためにすすめること
が重要です。

　心理的なことを言うと，依頼直後は，次の依頼につながりやすいもので
す。1つ買うまでは悩むものですが，買うと決めると，ついでに他のもの
も買いがちですよね。スマホを買う時に，近くに陳列されたスマホケース
を買ってしまったり，ネットショッピングで「これを買った人は，こちら
も買っています」と表示された関連商品をつい一緒に購入したりしたこと
は誰にでもあるのではないでしょうか。

　買ってもらう時に，もう1つすすめることに，心理的な効果があるのは
間違いありませんが，あくまでもお客様にとって必要で有益なものをすす
めましょう。

　例えば，遺言書の作成をするお客様が，認知症になったらどうしようと
心配していた時に，判断能力のあるうちに，任意後見契約を結べることを
教えてあげたところ，遺言書と一緒に作成できることもあり，喜んでいた
だけました。

　私たちにとって当たり前の知識が，一般の人には知らない知識のことも
あります。話を聞く中で，いくつか提案することは，売り込みではなく，
お客様のためにもなるのです。

　アフターフォローが得意になると，「また買ってもらう」が実現しやす
くなるでしょう。

<table>
<tr><td>Point</td><td>お客様が「知らずに損」をすることがないようにご提案をする。</td></tr>
</table>

序章　開業するということ

第1章　知ってもらう

第2章　問い合わせをもらう

第3章　会ってもらう

第4章　買ってもらう

第5章　また買ってもらう

第6章　もっと知りたい！開業Q&A

顧問料のような継続型収入を手に入れる

○ 継続型収入は，売上安定のために最も重要

　行政書士の売上が安定しない一番の原因は，弁護士や税理士のような顧問契約がなく，単発の仕事が多いからです。

　そうであれば，顧問契約や，顧問契約のように毎月決まった金額が入って来る収入を手に入れたいところです。

　1つの仕事を依頼されるまでには，時間ももちろんかかりますし，行政書士ができる仕事の種類があまりにも多いだけに，どんなものでも受けていると，毎回初めての仕事にぶつかり，情報収集だけでも多くの時間を費やすことにもなります。

　一人のお客様から継続的に仕事を依頼されることで，決まった料金をもらえるだけでなく，1つの仕事についてブラッシュアップされ，専門分野にもなりますし，効率的な仕事の進め方にもつながります。

　まずは，ひとり行政書士事務所であれば，継続型収入につながる業務を選ぶことが重要です。

　顧問契約であれば，法人とお付き合いすることで実現しやすくなります。例えば，障害福祉サービス施設指定申請業務がこれに当たります。

　指定申請が通ると，毎月給付金を申請する業務が発生するため，この業務のサポートが提案できます。また，行政とのやり取りや提出書類も定期的にあるため，その部分についてサポートを提案できます。

　もちろん，お客様が個人でも，例えば，任意後見契約で後見人に指定され，必要となった際に後見人として月額をいただくことなども考えられます。

○ ひとり事務所と法人サポート

　法人のサポートと聞くと，大それたことのように思うかもしれませんが，実はそんなことはありません。

　開業するとわかると思いますが，世の中の大半の企業は中小企業です。

　ひとり会社や，親族2人で経営しているような会社はたくさんありますし，それくらい小規模の会社でも，建設業許可を申請したり，障害福祉サービス施設指定申請をしたりして事業を運営しています。行政書士がサポートできる企業は，実はたくさんあるのです。

○ 経営者と信頼関係を築く

　開業当初は，「開業したてのひとり行政書士より，行政書士法人の方が大きいから，法人から安心と思われるのだろうな」と思っていました。今は，結局はお互いの信頼関係で成り立っていることを実感しています。

　もちろん，経営者によっては，規模が大きい方が安心と感じる人もいるかもしれませんが，最終的に選ばれるのは，対応の誠実度の高さによるでしょう。

　実際，開業一年目の法人のお客様は，行政書士法人での対応が遅いため，集中して速く対応してくれる人を探していました。即レス・即対応を心がけていたところ，気に入っていただき，受任につながりました。

　ひとり事務所の行政書士には，ひとりだからこそ，細やかな対応ができるという良い点があります。人を雇えば，その雇った人の能力や誠実度によって，対応にどうしてもばらつきが出てしまうからです。

　ひとり事務所だからこその機転と融通を利かせ，事業の一部をサポートするところから始め，徐々に信頼を得て事業全体のサポートができるようになれば，顧問契約を取ることができるのです。

序章　開業するということ
第1章　知ってもらう
第2章　問い合わせをもらう
第3章　会ってもらう
第4章　買ってもらう
第5章　また買ってもらう
第6章　もっと知りたい！　開業Q&A

○ 継続型収入のビジネスを考える

　継続型収入をつくる時のヒントとして，次の2つのことを考えてみましょう。

① 　お客様に毎月提供できるサービスは何か
② 　お客様が毎月提供してほしいサービスは何か

　①は，自分ができること，②はお客様がしてほしいことです。

　2つが重なれば完璧ですが，まずは①の「自分自身がお客様のために毎月できることは何か」を考えてみるといいでしょう。

　特に開業当初は，行政書士としてできることが少ないものなので，これまでの経験や，自分自身の特性，特技を生かしたものを考えます。

　例えば私の場合，ITやWebに強い部分があったので，お客様のホームページ作成や，パンフレットの作成を提案し，依頼してもらいました。

　ホームページ作成の中で，ドメインやサーバー管理を任され，この管理費を毎月いただくことで，最初の継続型収入を手に入れました。

　このような，行政書士業務と関係ない業務については，個人事務所として別に開業届を提出することで，分けて運営しました。のちに株式会社も作りましたが，この会社についても，自分ひとりでできる範囲の事業内容を保ち，ITやWebを使いこなすことで，作業を効率化しています。

　まずはお客様の現状を理解し，自分がお客様に対して，今，あるいは将来何ができるのかを考え，毎月提供できるサービスを作って行きましょう。あまりに行政書士とかけ離れてしまうと，行政書士への想いや，行政書士として達成したい目的からずれてしまうので注意してください。

　想いや理念，目的は変えず，軸のぶれないサービスを作りましょう。

Point　ひとり事務所の利点を生かし，機転と融通を利かせ継続型収入を手に入れる。

アップセルとクロスセル

○ 1つ上のサービスを売る（アップセル）

アップセルとは，1つ上の料金が高いサービスを売ることです。

例えば，スタンダードプランとプレミアムプランのような料金体系にして，最初は安い方でいいと考えていたお客様に対して，プレミアムプランがどれだけ良質なのかを伝え，最終的には高い方のプランを買ってもらうような場合です。

行政書士業務では，1つ上のプランとはどんな内容になるのか，業務によってそれぞれ考えてみましょう。他にはない，独自のサービスが思いつくかもしれません。

○ 関連商品を売る（クロスセル）

クロスセルとは，関連商品を一緒に買ってもらうことです。

ハンバーガーショップで聞く「ご一緒にポテトはいかがですか？」というセリフは，まさにクロスセルの代表と言えるでしょう。

ネットショッピングをする方は，「こちらもおすすめです」という言葉を何度も目にしているのではないでしょうか。

行政書士業務の中で，ハンバーガーが建設業許可なら，ポテトは何なのか考えてみると，1つの仕事を依頼された時に，一緒に他のサービスもすすめやすくなると思います。

この辺の発想を膨らませるのが楽しい人は，行政書士資格を使って起業することが向いていると言えるでしょう。周りのやり方にとらわれず，自分の独自のやり方やサービスを創り出していけるからです。

序　章　開業するということ
第1章　知ってもらう
第2章　問い合わせをもらう
第3章　会ってもらう
第4章　買ってもらう
第5章　また買ってもらう
第6章　もっと知りたい！開業Q＆A

○ さらに安心できるサービスを作るという視点

　アップセルとクロスセルを考える際，ポイントとなるのは「さらにお客様を安心させるには何が必要か」を考えることです。

　ちょっと高くても，より安心できるサービスがあるなら，お客様も買いたいと思うでしょうし，一緒に買った方が安心できるなら，2つ同時に依頼しようと思うでしょう。

　お客様がどんな悩みを解決したくて仕事を依頼して来るのかをよく考えます。そのようにして，手持ちのサービスを広げていくことで，お客様一人当たりの単価も上がり，事務所も軌道に乗るはずです。

　サービスの幅が広がり，高額商品や関連商品が提供できるようになると，「買ってもらう」から「また買ってもらう」につなげやすくなるでしょう。

　最終的に売りたい高額商品をバックエンドに置き，そこにたどり着くまでの流れを考えて行きましょう。

　また，お客様に提供できるサービスについて，「毎月あると安心なサービスとは」「毎月定期的に提供するなら何か」を考えましょう。

Point　継続型収入につながるサービスについて日頃からアイデアは書き留めておく。

売上の5つのフレームワーク 2つの事例

序章 開業するということ

第1章 知ってもらう

第2章 問い合わせをもらう

第3章 会ってもらう

第4章 買ってもらう

第5章 また買ってもらう

第6章 もっと知りたい！開業Q&A

事例1　障害福祉サービス施設指定申請業務

①　知ってもらう

　自分や自分の事務所はもちろん，行政書士が障害福祉サービス施設の指定申請業務の代行ができること，指定申請に必要な情報や書類，手続きの煩雑さについてホームページやブログ，SNSで発信します。

②　問い合わせをもらう

　私の場合は，最初のお客様はブログを見て問い合わせをいただき，その後は，ホームページの検索順位が高くなったため，ホームページから問い合わせをいただきました。

　SNSで障害福祉サービス施設に関する情報を発信し，詳細をまとめたブログ記事のURLを貼り，ブログ記事を読むと問い合わせ先のリンクが貼ってあるという流れを作るといいと思います。

③　会ってもらう

　障害福祉サービス施設の指定申請を依頼してくるケースとしてはいろいろなパターンがあります。

- これから法人を設立し，一から施設を作りたい
- 追加の事業として障害福祉サービス施設を始めたい
- 最初の障害福祉サービス施設指定申請は自分たちでやったものの，大変だったから2つ目の指定申請は依頼したい

　すでに法人や施設がある場合は，そちらに訪問させていただき，雰囲気

や様子を見ておくと参考になります。中には，1つ目が整っていないうちに，次を進めようとしている場合もありますし，指定申請以外の業務も，一緒に受任できそうな場合もあります。

相手が現在どのような状況で障害福祉サービス施設の指定申請を考えているのか，打ち合わせ前にしっかりとヒアリングすることも重要です。

④　買ってもらう

依頼を決めてもらうクロージングのポイントは，相手が依頼したいと強く思えるような提案をすることです。

打ち合わせ時にヒアリングすることはあらかじめ決めておくなどの準備も結果を左右します。相手の会社等で打ち合わせをする場合は，必要な書類を忘れずに持参しましょう。

相手からの無理難題には，できないことはできないと伝え，料金についても，最初からしっかりと金額を伝えておきましょう。

⑤　また買ってもらう

障害福祉サービス施設指定申請が通ると，施設の売上となる給付金を毎月請求する作業が必要になります。この作業にエラーが出てしまうと，2ヶ月後に振り込まれる給付金が0円になってしまうこともあり，再請求はできるものの，その月の売上が0となると，職員の給与や施設の家賃などの支払いが厳しくなることもあり，事業者にとって大きな打撃になる場合もあるでしょう。

大企業が経営する施設であれば，資金も潤沢にあるかもしれませんが，利用定員20名の自立訓練・生活訓練施設を開設するのに，必要最低人数の4人でスタートする小規模な施設は少なくありません。

利用者の生活訓練を行いながら，日々の記録もつけながら，受給者証などの手配で役所に出向く業務もある中で，給付金の請求を依頼できることは，施設にとって安心感につながるはずです。

追加依頼の例としては，ここで挙げた給付金請求だけでなく，施設の運営サポート，行政手続き代行あるいはサポート，利用者や職員の集客及び人材確保についてのアドバイス，資金調達，施設全体の事業サポート・コンサルなどが考えられます。

　経験を積むにつれて，提案できることが増えて行くはずです。私の場合は，まずは給付金請求を毎月サポートする中で，自分自身の経験も積み，お客様に提供するサービスをグレードアップしていきました。

　障害福祉サービス施設業務の中で継続的な仕事を作り，定期的にお客様に会っていると，その中で施設の増設の相談や，お客様の紹介につながることもあります。

　これも，毎月お客様に会う中で積み重ねた信頼の成果です。

遺言書作成業務

① 知ってもらう

　遺言書業務についても，自分自身や自分の事務所を知ってもらいながら，情報発信をしていきます。

　遺言書を書くのは高齢者だから，ホームページやブログなんて見ないだろうと思われるかもしれませんが，数年前から，60代の人からもスマホで問い合わせが入るようになりました。また，親の遺言書や相続について，40代，50代の人から問い合わせが入ることもありますので，ネット上の情報発信は侮れません。

　ただし，財産や家族に関することなど，誰にでも話せることではない話をしてもらう業務になるため，ネットから気軽に相談とはなりにくいのも事実です。そのため，毎月同じ場所で遺言講座を開催し，遺言の大切さや書き方を伝えながら，私が何者なのか，事務所はどこにあるのかを伝えています。

　思いがけず新型コロナウイルスの影響で講座開催ができなくなり，これまでの講座参加者の皆さんに，2，3ヶ月に一度会報を郵送しています。

　何年か開催していると，参加者の数も数百人になりますので，会報を郵送することで，相談の予約や遺言書作成依頼につながっています。講座開催は，「知ってもらう」から「会ってもらう」までを一度にできるだけでなく，連絡先がもらえ，会報の郵送など，次の行動にもつながっています。

② 問い合わせをもらう

　講座参加申込みについては，電話やメールで連絡をもらいます。私のように新聞折り込み広告を使う場合，電話受付が一般的です。広告を出す日には予定を入れず，いつでも電話に出られるようにしておきます。申込み

の電話は広告を出した日に集中します。

　折り返し連絡をしても，電話に出ない人は少なくありません。高齢者の場合，携帯電話や知らない電話番号からの電話は出ない，あるいは音が鳴らない設定をしている人もいるので注意が必要です。

③　会ってもらう

　講座を開催する場合，わかりやすい場所にすることは重要です。それでも，大半は案内通りに来てくれるのですが，100％ではないことは頭に置いておきましょう。遺言講座のように，参加者に高齢者が多い場合，耳の遠い方もいますし，階数を間違えたり，別のセミナールームに行ってしまうこともありますので，案内板を置くなどの工夫をしましょう。

　遺言講座では，参加者が「聞いてよかった！また聞きたい」と思える内容を提供することに集中しましょう。また聞きたい，また会いたいと思ってもらえれば，アンケートに連絡先を書いてもらえますし，個別相談の依頼ももらえます。

④　買ってもらう

　どの業務でも，依頼を決めてもらうクロージングのポイントは，相手が依頼したいと強く思えるような提案をすることです。

　講座参加者から遺言書作成の依頼をもらう場合，遺言講座で一度会った状態から，個別相談を経て依頼につながることがほとんどです。

　遺言講座から個別相談に進む場合，聞きたい内容は確認事項が多いです。

　最終的に確認したいことを聞き，問題なさそうなら遺言書の作成に進みます。

　例えば，公正証書遺言の場合，公証人手数料も含めた料金の詳細や，作成までの手続きや期間，お客様が用意するものなどを聞かれることが多いです。

　この辺に誠実に具体的に答えることで，相談者に安心，信頼してもらえれば受任につながります。

遺言書の場合，個人的な話をどれだけ話してもらえるかが，依頼につなげるポイントです。

今持っている不動産や預貯金等の財産の価値だけでなく，現在の管理方法や，家族関係，どんな問題を抱えているのか，何が心配で，どんな形を理想としているのか，そのためにしていることはあるのかなど，こちらが根掘り葉掘り聞くのではなく，相談者の方から積極的に話してくれる流れが作れるといいと思います。

そのためには，いきなり核心を突くのではなく，話しやすいことから順に話してもらい，徐々に核心に近づくようにしていきます。

人によっては，話が止まらなくなる場合もありますが，特に最初の相談については，相談者が納得するまで話を聞くことも大切です。

多くの相談者を見てきて感じるのは，第一印象で簡単に判断してはいけないということです。誰もが最初から心を開いてくれるはずがありません。依頼につながらないかもしれないなと思った人が，最終的に依頼につながるのが，遺言書作成業務の特徴かもしれません。

中には，生い立ちから2時間以上話をする人もいますが，これをしっかり聞くことにより，問題点も見えてきます。

相談者の心配や不安を徹底的に取り除けるよう，話をしっかり聞き，目で見て理解できる具体的な資料を準備しておきましょう。

⑤　また買ってもらう

1）遺言執行との組み合わせ

遺言書を作成する場合，遺言書の中で遺言執行者を設定するのが一般的です。遺言執行者を誰にするか決めるのはお客様なので，遺言執行者の役割や手続き内容について伝え，どなたに任せたいかを決めてもらいます。

遺言執行の手続きは，一般の人にとっては面倒なものが多いですし，相続人に迷惑をかけたくない気持ちで遺言書を作成する人が多いことを考えると，第三者を設定し，遺言書作成と一緒に依頼したいと考えるのは，自

然な流れとも言えます。

　お客様の中には，遺言執行を第三者にすると長女が怒りそうだから，長女にしたいとか，税理士の長男に任せたいという人もいます。

　その場合は，お客様の希望通りの遺言執行者を設定しています。

　遺言執行者は複数設定することもできるので，それもお客様の希望に従っています。

　法律的にも，遺言執行者の変更は可能なので，自分に設定したからと言って，必ず遺言執行の仕事が入るわけではありません。

　私の場合，今のところ遺言者が亡くなると，家族の方からすぐに連絡が入っていますが，もしかすると知らないだけで，連絡が入らないまま遺言執行や相続手続きが終わっている人もいるかもしれません。

　それはそれでいいと思います。

　大切なのは，遺言者と相続人が何事もなく手続きを完了していることです。私の仕事になるかならないかは，私が決めることではありません。

　遺言書作成と一緒に遺言執行者に設定され，もう1つの仕事につなげることは戦略的には大切ですが，遺言執行はお客様が亡くなった後の仕事になりますので，別の仕事と捉えることも必要だと思います。

　もう一点，遺言執行者に設定してもらう場合，万が一自分が先に亡くなった時のことも考えておく必要があるでしょう。

　お客さまによっては，「先生が先に亡くなったら遺言書はどうなるんですか？」と，聞いて来る人もいます。こればっかりは，誰が先に亡くなるかはわかりませんから，引き継げる人を準備しておく，会社組織にしておくなど，何かしらの対策をしておくといいでしょう。

2）任意後見との組み合わせ

　遺言書作成は，認知症になってしまうとできません。認知症になる前に，元気なうちに遺言書を書きましょうというのは，多くの遺言講座など

で言われることです。

　遺言書の作成を決めた人の中には，認知症になる前に遺言書を作ることはできても，その後認知症になってしまったらどうしたらいいんだろう？と，疑問と不安を抱く方もいます。

　判断能力がなくなった場合に，成年後見制度があることは知っていても，法定後見と任意後見があることや，法定後見の手続きに時間がかかること，任意後見の場合，任意後見監督人がつけられることなど，まだまだ知られていないことはたくさんあります。

　難しいのは，成年後見制度について，行政書士が単独で手続きできない部分もあり，どこまで伝えるかの判断に悩みます。

　ただし，任意後見契約により，判断能力がなくなった場合の後見人をあらかじめ決めておく場合には，見守り契約や事務委任サポートの契約を一緒にしておくなど，お手伝いできることもあります。

　任意後見契約は，公正証書で作成することが要件の1つなので，公正証書遺言を作成する場合，同じタイミングで作ることができます。

　高齢のお客様にとって，公証役場まで出向くだけでも一大イベントですから，必要であれば，一度に作成できた方が助かるはずです。

　さらに，死後事務管理まで話が進むこともあると思います。お客様の安心のために提供できるサービスをいくつか提案できる状態にしておくことで，「買ってもらう」で終わらず，「また買ってもらう」に進めます。

第 6 章

もっと知りたい！
開業 Q&A

Q　開業資金はいくら必要？

○　開業資金の計算法

開業資金については，次のように考えるといいでしょう。

●開業資金

開業資金＝（①＋②＋③）×6ヶ月分＋④

> ①毎月の生活費（家賃，光熱費，携帯電話，社会保険，食費，衣類・趣味など）
> ②事業の固定費（事務所家賃，光熱費，通信費，借入金の返済など）
> ③事業の変動費（交通費，備品・消耗品費，交際費など）
> ④設備資金（事務所賃貸契約時にかかるお金，設備・備品など）

　例えば，あなたが結婚していて，配偶者の収入で生活できる場合は，①の生活費が必要ないでしょうし，事務所や店舗を借りずに自宅で開業する場合は，②と④がほぼ要らないと思います。

　事業の種類やスタイル，自分の預貯金や家族構成などを考慮した上で，実際自分の開業に資金はいくら必要なのか，しっかりと把握しておきましょう。

　ここで計算した①＋②＋③の金額は，毎月出て行くお金になりますから，少なくとも①＋②＋③の合計金額は売り上げないと生活できないことになります。

　特に②の固定費は必ず出て行くお金なので，事務所を借りる際や借入れを考える時に，いくらまでなら問題ないのか，赤字を出さない経営を考えて行きましょう。

●開業資金の一例

①毎月の生活費100,000円

②事業の固定費　79,500円

<内訳>・事務所家賃58,000円
・事務所光熱費11,500円
・通信費（電話・携帯・インターネット）10,000円

③事業の変動費　48,000円

<内訳>・交通費15,000円
・備品・消耗品・書籍　8,000円
・交際費10,000円
・会費（セミナー等）15,000円

①＋②＋③＝227,500円……１ヶ月に売り上げないといけない金額

④設備資金764,000円

<内訳>・事務所敷金，保証金等464,000円
・PC，プリンター，机，事務用品等300,000円

開業資金＝1,365,000+764,000＝2,129,000円

　上の計算は開業の一例ですが，事務所を借りて開業する場合の資金は，決して少なくないことがわかります。

　また，これは月々にかかるお金の６ヶ月分を手元に置いて開業し，６ヶ月間で軌道に乗せる計算ですから，それに合わせた事業計画を立てることも大切です。

　例えば，①の生活費や，③の備品・消耗品費や交際費については，しばらくは抑えるよう工夫するといいでしょう。

　協力してもらえる家族がいる場合は，期限を決めて頼るのもいいと思います。家族に協力してもらえると，精神的な安定にもつながります。

序章　開業するということ
第１章　知ってもらう
第２章　問い合わせをもらう
第３章　会ってもらう
第４章　買ってもらう
第５章　また買ってもらう
第６章　もっと知りたい！　開業Q&A

Q　開業準備でしたことは？

○　事務所をリノベーションした私のスケジュール

　開業準備については，人によってかなり違うと思いますが，私の開業準備スケジュールを挙げておきます。

　会社を退職後，2ヶ月の準備期間を取りました。

●開業準備スケジュール

2013年6月30日　会社退職

2013年7月1日　ブログ・Facebook開設，ホームページ・ロゴ作成開始

2013年7月4日　神奈川県行政書士会へ登録申請

2013年7月6日　開業セミナー参加

2013年7月24日〜8月9日　事務所内装工事開始・電話番号取得

2013年8月1日　神奈川県行政書士会登録完了

2013年8月19日〜23日　事務所備品等準備・看板取付・プロフィール写真撮影

2013年8月30日　神奈川県行政書士会　登録証交付式

2013年8月31日　事務所完成予定　→　9月に数ヶ所作業して完成

2013年9月1日　事務所＆ホームページオープン，FBページ開設

＜買ったもの＞

ノートパソコン，固定電話，プリンター・Fax・スキャナ，机，椅子，鍵付き書類入れ，本棚，応接セット，プロジェクター（天井固定用・持ち運び用），電動スクリーン，スピーカー，ブラインド，防犯カメラ他

○　事務所リノベーション

　私が借りた事務所は，完全にスケルトンの状態でした。そのため，床・天井，壁紙はもちろん，ドアの塗装，ライト，エアコン取付など大がかりなリノベーションで時間がかかりました。お金も時間もかかりましたが，

お客様が長居してくださる快適な事務所に仕上がりました。

●リノベーション前

●事務所リノベーション後

○ 資金や事情に合わせた開業準備をする

　開業にお金を使い過ぎないことは，とても重要です。

　私の場合は，子育てが一段落したこと，長く働いていた会社の退職金が入ったこと，夫が協力的だったことで，思い切って事務所にお金をかけることができました。

　後戻りできなくなったことで，売上のしくみ作りに本気になれたのも間違いありません。

序章 開業するということ

第1章 知ってもらう

第2章 問い合わせをもらう

第3章 会ってもらう

第4章 買ってもらう

第5章 また買ってもらう

第6章 もっと知りたい！開業Q&A

Q 開業したいけれど資金が足りない場合は？

○ 兼業・副業で軌道に乗せる

　資金が貯まるまで兼業にする，仕事を続けながら開業する，バイトなどと掛け持ちする，などのパターンがありますが，仕事が忙しいため，なかなか行政書士業務を広げられないおそれがあります。

　兼業・副業すれば資金には余裕が出来ますが，いつ，どのように行政書士業務に取り組むのか，営業して行くのか，具体的に決めて，計画的に動かないと，そのままずるずると現状が続くことになりかねません。

　会社員との兼業の場合，会社が土日休みだとしたら，土日は集中して行政書士業務につながる活動をした方がいいでしょう。

　ちなみに，私がこれまでにお会いした人で兼業の時に軌道に乗せ，専業になっているのは「塾の講師」が多いです。夕方以降塾に勤務して，日中は行政書士業務に集中するというスタイルのようです。

○ 資金を公庫から借りる

　借入れを嫌がる人もいますが，実は開業前がお金を借りるのに1番いいタイミングです。開業してしまうと実績が出てしまうので，売上があればいいのですが，売上が少ない場合，貸してもらえなくなるかもしれません。

　公庫には新規開業の枠があり，新しく開業する人に対して，他より低い金利で融資してくれる制度があります。特に，女性や若者，シニアは，優遇してもらえます。日本政策金融公庫・国民生活事業のホームページを調べてみましょう。

Q　事務所は借りるべき？

○　借りるメリット・デメリット

　開業で最初に悩むのは，事務所を借りるか，自宅にするか，ということでしょう。私自身は借りた上，かなり大がかりなリノベーションをしました。この投資で「もう引き返せない」という覚悟が出来たというのはあります。

　まずは事務所を借りるメリットとデメリットについてお伝えします。

○　メリットはオンオフの切り替えと「覚悟」

　自宅事務所の場合，家事をしてしまったり，家族の世話をしなくてはいけなかったり，仕事の始まりと終わりもはっきりせず，集中できないことがあります。

　その点，事務所を借りると仕事に集中しやすいです。

　また，お客様の話をじっくり聞くことができ，信用にもつながります。

　個人のお客様も，法人のお客様も，この人に依頼して大丈夫かな？という基準の1つとして，事務所を見るところがあります。実際に，事務所を見て安心して依頼した，というお客様も多かったです。

　また，開業すると，同業者や他士業の方に会う機会も多いです。他士業の方から飲食店営業許可，建設業許可のご紹介や，業務のサポート依頼をいただきましたし，同業者からもサポート業務の依頼をいただきましたが，事務所に来ていただいたことが依頼のきっかけとなったようです。

　特に女性の場合は，片手間で仕事をしているのではと思われる傾向があり「覚悟を決めてやっています！」というアピールになることもあります。

序章　開業するということ

第1章　知ってもらう

第2章　問い合わせをもらう

第3章　会ってもらう

第4章　買ってもらう

第5章　また買ってもらう

第6章　もっと知りたい！開業Q&A

もちろん，自分自身の覚悟も決まります。引けない状況に追い込むことで，自分に厳しく頑張ることもできます。逆に，プレッシャーに弱い人にはよくないのかもしれません。

○　デメリットはお金

　毎月決まってお金が出て行くというのは，想像以上に大変です。開業1，2年というのは，予想以上に売上が立ちません。その状況の中で，固定費を毎月支払わなければいけないので，じわじわときつくなります。

　事務所家賃，事務所の光熱費・通信費を支払うためには，それに見合う金額を毎月売り上げる必要があります。

　または，しばらくは貯金から支払うことにするか，開業資金として，公庫などから借入れをしてもいいかもしれません。

　できるだけ半年くらいで，固定費分を売り上げられるようになりたいですね。

　そう考えると，貯金もなく，借入れの予定もなく，売上を作るアイデアがまったくない場合は，事務所は借りない方がいいかもしれません。自宅事務所から始め，売上がある程度できてから事務所を借りてもいいでしょう。

序章 開業するということ

第1章 知ってもらう

第2章 問い合わせをもらう

第3章 会ってもらう

第4章 買ってもらう

第5章 また買ってもらう

Q　開業一年目に買ってよかったものは?

私はよくわからないまま，次々と購入してしまいましたが，その中で，これは開業時に買ってよかったと思うものトップ3を紹介します。

○　第3位　持ち運び用ノートパソコン

行政書士の仕事は書類などの荷物が多いのが特徴です。できるだけ荷物を減らしたいのですが，外出先でもパソコンがあった方が便利なことも多く，自宅用・事務所用のほかに持ち運び用の軽量ノートパソコンがあると便利です。

今はスマホでほとんどのことができますが，エクセル・ワード・パワポなどの手直しをしたい時，プロジェクターにつなげてプレゼンしながら録画したい時など，パソコンがあるとストレスなく作業できます。

○　第2位　仕事用の携帯電話

仕事用の携帯電話も購入したのは大正解だったと思います。プライベートの電話と分けることは，プライベートと仕事の時間を分けることにもつながります。

例えば，仕事用の携帯電話は，営業時間内だけ対応すると決めてしまえば，営業時間外は離れた場所に置いておくこともできます。プライベートの時間をゆっくり過ごしたい場合に離しておけるよう，仕事用の携帯電話はおすすめです!

○ 第1位　ちょっといいオフィスチェア

　仕事用の椅子は，時間をかけて選びました。椅子のショールームに行き，色々な椅子に実際に座り，これだ！と思ったのが，15万円するオフィスチェアでした。パソコン作業を長時間続けても，まったく疲れを感じない椅子なので，本当に買って良かったと思います。

　今は事務所だけでなく，自宅でも同じ椅子を使って仕事をしています。

Q　開業一年目にやって後悔したことは？

　開業一年目には，失敗が付きものです。失敗は成功の基ですし，どんな経験もその後に生かすことで無駄にはなりませんが，やらなきゃよかったと思うこともあるので挙げておきます。

○　第3位　目的のない飲み会

　開業となると，人に会わなきゃ！人脈作らなきゃ！と，焦るものです。誘われるままにセミナーや会合に参加して，その後の懇親会にも，よほどのことがない限り参加しました。

　名刺を配り，開業したことを伝え，遅くまで知らない人たちと過ごしました。

　もちろん，役立つセミナーもありましたし，会って良かった人，聞いて良かった話もたくさんありますが，1つ後悔しているのは，目的のない飲み会には，出なくてもよかったなーということです。

　聞きたい話でもなく，そこに集まる人にも興味がないのに，一応行っておこうという場合，大抵ストレスを抱えて終わります。

○　第2位　ターゲットを絞っていない広告

　開業すると，なぜかたくさん営業電話がかかって来ます。私の場合，広告を出しませんか？という営業が多かったです。

　新聞広告や，雑誌のインタビュー記事など，いくつかの広告を出してみました。1件5万円くらいのものです。

　広告を出す時は，その紙面がどこで誰に見られるのかを調査し，その条件が，自分の仕事につなげるために合っているのか判断することが大切で

序章　開業するということ

第1章　知ってもらう

第2章　問い合わせをもらう

第3章　会ってもらう

第4章　買ってもらう

第5章　また買ってもらう

第6章　もっと知りたい！開業Q&A

す。少なくとも，自分のターゲットに向けた紙面に載ることが条件になると思います。

　小さい広告会社でいいので，地元に配布され，自分のお客様の目に留まる紙面に広告を掲載するといいと思います。

○ 第1位　やりたくないと感じた仕事

　何と言っても，やらなきゃよかったと思うのは，やりたくないと感じた仕事です。

　「あれ，この話，怪しいかも」「この人，私のことを下に見ている」など，相手がどんなに取り繕っても直観的に感じる場合は，当たっていることが多いです。

　開業当初は，なかなか仕事がなく，どうしたら仕事を依頼されるのかもわからないため，人からの紹介や，依頼が入ると，飛びついてしまうこともあるでしょう。

　私の場合，「安くやってほしい」「勉強だと思って，タダで教えてほしい」などの依頼を受けましたが，その後，その人たちと会うことはなかったです。

　相手は喜んでくれましたが，こちらとしては不信感が残りました。

　今思えば，私の方からしっかりと，仕事だということと，料金設定について説明し，お互いに納得する形での設定をすれば，もう少し良い流れが作れたのかもしれません。

序　章　開業するということ

第1章　知ってもらう

第2章　問い合わせをもらう

第3章　会ってもらう

第4章　買ってもらう

第5章　また買ってもらう

第6章　もっと知りたい！開業Q&A

Q　軌道に乗るまでどれくらいかかる？

○　1年目はプレッシャーとの戦い

　開業1年目の売上は，ほとんどの行政書士が年間300万も行かないのではないでしょうか。生活して行くには，ギリギリの収支となるかもしれません。

　ただし，3年間正しい方法で売上のしくみ作りをすることで，安定させることができると思います。

　参考までに，私の開業1年目から3年目の売上推移は，次の通りです。2年目の後半から徐々に上がっているのがわかります。

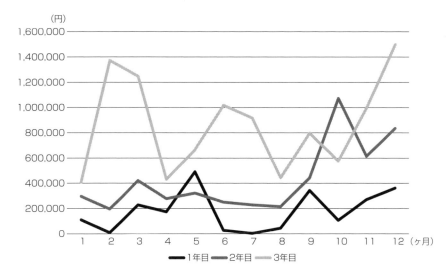

　毎月の売上推移を見てもらうと分かる通り，売上金額は毎月変動します。

　これは，行政書士の売上の特徴と言えると思います。

　行政書士の仕事は，受任してから売上を回収するまで，数ヶ月かかるも

のが多いので，仕事をしているけど，売上が入らない時間が長くなります。その分，まとまって入って来る月には，売上も大きく伸びます。

　この毎月の不安定な状態にプレッシャーを感じないメンタルの強さも必要になるでしょう。

　開業３年間の売上金額は，１年目が240万，２年目が511万，３年目が1,090万でした。開業３年目に年商1,000万達成を目指し，何とか倍々に増やして行った記録です。

　振り返ると最初の３年間が一番きつく苦しい期間でしたが，この間に売上のしくみ作りをしたことで，４年目以降の売上や仕事量が安定しました。

　ちなみに，３年目の継続型収入は，売上全体の44％でした。継続型収入が全体の30％以上あると，特にひとり事務所の場合，精神的にもかなり安定するはずです。

おわりに

　2020年9月，私は開業8年目に突入しました。

　開業当時の自分を思い出すと，手探りでよくやったなーと思います。今は何とか軌道に乗り，ひとりで自由に，好きな人たちと好きな仕事に囲まれています。

　本書には，開業前に私が知りたかったノウハウのすべてをまとめました。

　100万円どころか，10万円を売り上げるイメージすらまったくできず，希望を詰め込んだ事業計画書を見ながら途方に暮れた開業当初の私がこの本を読むことができれば，少なくとも迷わず進んで行けたのではないかと思います。

　もちろん，本書を読んだだけでは何も変わらないでしょう。大切なのは，何かを始めてみること，行動してみることです。

　まずは「知ってもらう」ために，今日からできることを始めてみてください！

　私のように開業前や開業1，2年目にやり方がわからず途方に暮れる人たちに，私なりのヒントが提供できるよう，これからもショッシーブログやSNS，オンラインコミュニティの中で発信を続けて行きます。

　売上の5つのフレームワークを多くの方に知っていただき，安定した売上と自由な働き方を手に入れてほしいです。

　最後にひとつだけ，どうしてもお伝えしたいことがあります。

　開業を軌道に乗せるためには，時間がかかります。行動はもちろん必要

ですが，これを忍耐強く何年も継続することが必要です。

どうか焦らず諦めず行動を続け，３年後に軌道に乗せてください！

上山　雅子

【著者略歴】

上山　雅子（かみやま　まさこ）

かみやま行政書士事務所。株式会社エフ代表。

「ひとりで自由に働く」をモットーにあえて規模を大きくしないスタイルで活動中。
40代で起業を決意し，会社勤めをしながら行政書士試験勉強を開始。翌年の試験に合格，
2013年9月に人脈なし，経験なしで開業する。
試行錯誤する中，遺言書作成，障害福祉サービス施設申請を柱に，行政書士の上位10％と言
われる年商1,000万円超えを3年目に達成。行政書士が安定した売上を手に入れるノウハウ
を見つける。
「売り込まずに買ってもらうしくみ作り」のノウハウを伝え，行政書士の活躍の場を広げた
いとの想いから，行政書士の勉強会，行政書士専門ホームページ制作講座を開催。全国から
参加があり，好評を得ている。
自分のペースでオンラインで学べる「ホームページ制作オンライン講座」も開講。
行政書士の悩みを解消する「ショッシーブログ」は，行政書士試験受験者や行政書士から愛
読され6年目に入る。
会員制オンラインコミュニティ「ショッシーオンライン」では，仕事に生かせる詳細情報を
発信。全国から行政書士と受験者が参加している。
起業開業やマーケティングに関する講演も多数。

年商1000万円をめざす
ひとり行政書士の開業・集客・受任ガイド

2021年1月25日　第1版第1刷発行
2024年3月15日　第1版第4刷発行

著　者　上　山　雅　子
発行者　山　本　　　継
発行所　㈱中央経済社
発売元　㈱中央経済グループ
　　　　パブリッシング

〒101-0051 東京都千代田区神田神保町1-35
電　話　03(3293)3371(編集代表)
　　　　03(3293)3381(営業代表)
https://www.chuokeizai.co.jp

印　刷／文唱堂印刷㈱
製　本／㈲井上製本所

© 2021
Printed in Japan

＊頁の「欠落」や「順序違い」などがありましたらお取り替えいた
しますので発売元までご送付ください。（送料小社負担）
ISBN978-4-502-37001-4　C2034

「会社法」法令集〈第十二版〉

中央経済社 編　ISBN：978-4-502-35891-3
A5判・728頁　定価 3,300 円(税込)

◆重要条文ミニ解説
◆会社法—省令対応表　｜付き
◆改正箇所表示

平成 29 年法律第 45 号による会社法改正（改正民法対応），令和元法律第 70 号による 5 年ぶりの大きな会社法改正，令和 2 年 5 月の会社法改正を収録。令和元年改正会社法については，現行条文に続けて改正条文を編注の形で掲載しております。各法務省令は本書第十一版以後の各種改正を織り込んでおり，会社法施行規則および会社計算規則については，新型コロナウイルス感染症を考慮したウェブ開示拡大等の措置も収録しております（令和 2 年法務省令第 37 号）。

本書の特徴

◆会社法関連法規を完全収録
平成 17 年 7 月に公布された「会社法」から同 18 年 2 月に公布された 3 本の法務省令等，会社法に関連するすべての重要な法令を完全収録したものです。

◆好評の「ミニ解説」さらに充実！
重要条文のポイントを簡潔にまとめたミニ解説。令和元年改正会社法等を踏まえ加筆を行い，ますます充実したものとなっています。

◆改正箇所が一目瞭然！
令和元年改正会社法については，現行条文に続けて改正条文を編注の形で掲載しており，どの条文がどう変わるのか，一目でわかります！

◆引用条文の見出しを表示
会社法条文中，引用されている条文番号の下に，その条文の見出し（ない場合は適宜工夫）を色刷りで明記しました。条文の相互関係がすぐわかり，理解を助けます。

◆政省令探しは簡単！　条文中に番号を明記
法律条文の該当箇所に，政省令（略称＝目次参照）の条文番号を色刷りで表示しました。意外に手間取る政省令探しもこれでラクラク。

中央経済社